アンネ・フランクに会いに行く

谷口長世

・ア新書　879

はじめに

「また戦争が起こるような気がする」

ハチの大群の羽音のような、かすかな鈍《にぶ》い唸《うな》りにはっと目覚めた時、こんな短い、叔母の言葉が耳の奥で響きました。僕は狭い飛行機の座席に沈むように収まっていて、〝ハチの羽音〟のように感じたのはエンジン音でした。「また戦争が起こるような気がする」――わずか数カ月前のこと、それが最後になってしまった電話の会話で、叔母がポツリと漏《も》らした言葉でした。

僕は、もうかれこれ四十年ベルギーの首都ブリュッセルに暮らしていますが、二〇一四年暮れ、郷里・名古屋の叔母に久しぶりに国際電話をかけたのは、

〈そうだ、お正月明けの九十三歳の誕生日祝いを忘れないうちに言っておこう〉

と、思いついたからでした。それで叔母の「戦争が起こるような……」という言葉にびっ

くりして、どうしてそんなことを言うのかと尋ねると、

「だって戦争(注・太平洋戦争)前と世の中の雰囲気がそっくりだもん」

また、ポツリと答えたのです。

両親との暮らしがあまり長くなかった僕を、幼少期から可愛がってくれた叔父・叔母は、他人の悪口やホラ話にはおよそ無縁な、堅実な人柄の夫婦でした。亡くなって久しい叔父は、第二次大戦開始間もなく陸軍兵士として召集され、二度にわたり中国、フィリピン、ガダルカナル島など各地の戦地へ連れていかれ、九死に一生を得て帰還しました。そして問われれば「天皇陛下万歳と言って死んでいった兵隊は見たことなかったな。みんな最期に『お母さん!』と叫んで死んでいった」などと、和服姿の背をピンと正し、淡々と戦場体験を語ってくれたものです。

叔母は一九二二年(大正十一年)生まれですから、戦前にはすでに十代後半になっていました。日本が軍国化し、大戦に突入していくのをしっかりと目撃した世代です。だから、

「戦争前と世の中の雰囲気がそっくり」

という叔母の言葉を耳にして、本当にビックリしました。

その頃、日本から遠く離れたベルギーのテレビ・ニュースにも、憲法九条の再解釈による集団的自衛権の容認や抗議デモの情景、北朝鮮の核兵器の脅威に対し備えを掲げた日米、米韓二国間、あるいは日・米・韓三国間の合同軍事演習、これに競ってエスカレートする北朝鮮の威嚇《いかく》の軍事行動がさかんに伝えられていました。確かに、こうしたニュースがマスコミに溢《あふ》れる中で、日本の国内には否が応でも恐怖感が強まっているのかもしれません。

〈叔母さんは、きっとこんな世相が軍国化していった戦前の日本にそっくりだ、と感じているのかしらん〉

そんなふうに考え、首をひねったのでした。

それから三カ月足らず。二〇一五年三月のある日のお昼前、もう、それは予想もしなかった、「名古屋の叔母さんが危篤《きとく》だ!」という急報の電話がかかりました。慌《あわ》てて調べると、数時間後にブリュッセルを発ち、どこかで乗り継ぐと、翌日夕刻に日本に到着できる便があります。

〈危篤でも……。これに乗れたら間に合うかもしれない〉

もう汗だくになりながらスーツケースに衣類やら洗面用具やらを手当たり次第たたき込み、タクシーでブリュッセル空港に駆けつけました。そして、乗り継ぎ便にも間に合い、やれやれ、と思ったら、離陸したのも知らずに座席に沈むように眠り込んでしまったのです。

実は、叔母の言葉によってもう一つ、連想したことがあります。

〈この雰囲気は日本だけじゃないぞ〉

ということでした。つまり、最近のヨーロッパ社会には、各国でネオ・ナチが台頭したり、得体のしれないテロ事件がつぎつぎに起きたり、ロシアの軍事力の増強が伝えられたりと不《ふ》穏《おん》な雰囲気が次第に勢いを増していました。その世相が第二次大戦前夜に似ていると警鐘《けいしょう》を鳴らす人々さえ現れました。

飛行機の席で再び目覚めると窓の外は明るくなっていました。眼下には真っ白な氷雪に覆われたシベリアの山岳地帯が広がり、窓に顔を近づけると冷気が窓を通して伝わってきました。日本まであと五時間足らず――。間に合わないかもしれない。ふと、最後の電話の終わりに叔母が口にした、

「ちょっと、遠かったね……」

という言葉が耳の中で響きました。

僕が地球の裏側にあるベルギーへ渡ったのは一九七八年秋でした。当時、世界は「冷戦」の真っ只中でした。だから飛行機もソ連の領空を避け、アラスカのアンカレジ経由の大回りで、滞空時間だけで約十八時間もかかったのです。危険だったのは確かで、一九八三年、ソ連領空に迷い込んだ大韓航空機が撃墜《げきつい》される事件が起こりました。

これから『アンネの日記』を記したアンネ・フランクの短い、とても悲しい生涯とアンネの生き抜いた時代を巡る旅を始めるのですが、その中で、

〈なぜ、アンネや世界中の何の罪もない普通の人々が殺され、傷つけられ続けなければならないのだろう。止めることはできないのだろうか――〉

アンネも同じような疑問を日記の中で問いかけています。この疑問を皆さんと一緒に考えることができれば……と、そんな気持ちでいるのです。

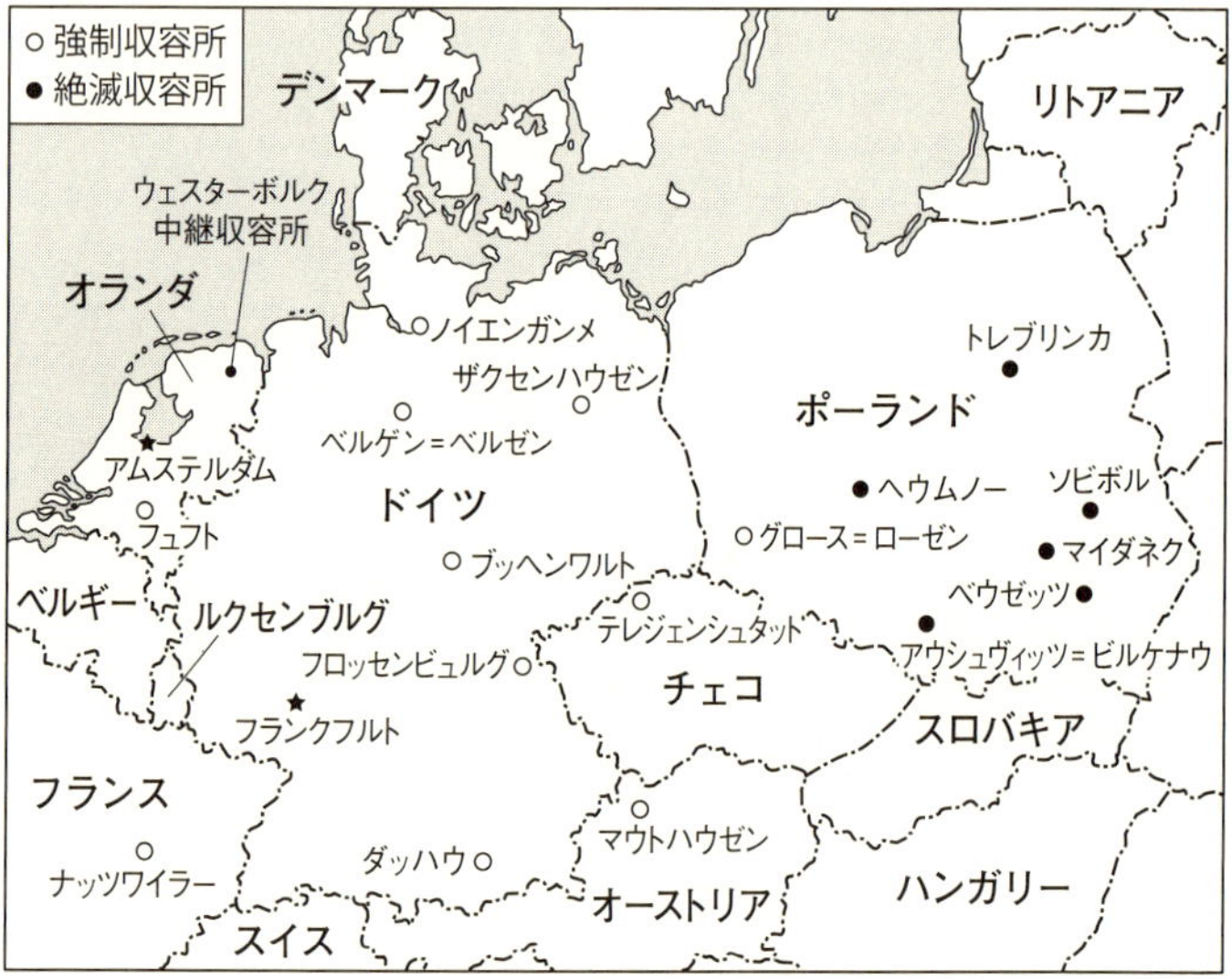
○ 強制収容所
● 絶滅収容所
デンマーク
リトアニア
ウェスターボルク
中継収容所
オランダ
ノイエンガンメ
ザクセンハウゼン
トレブリンカ
ポーランド
ベルゲン＝ベルゼン
アムステルダム
ドイツ
ヘウムノー
ソビボル
フュフト
グロース＝ローゼン
ブッヘンワルト
マイダネク
ベルギー
ベウゼッツ
ルクセンブルグ
テレジェンシュタット
フロッセンビュルグ
アウシュヴィッツ＝ビルケナウ
チェコ
フランクフルト
スロバキア
フランス
マウトハウゼン
ダッハウ
ナッツワイラー
ハンガリー
オーストリア
スイス

目次

第1章 ◆ 「アンネの家」との出合い

アンネ・フランクの隠れ家
© AFP＝時事

◆ベルギーへ渡る

アンネ・フランクは、実は、僕の人生にとっておよそ関係のない存在でした。アンネという名を耳にしても「ナチの追っ手から逃れて、隠れ家で日記を書いた少女」程度のことしか知りませんでした。世界のどこに住み、その後、彼女がどんな人生を送ったかなんて考えたこともなかったのです。

それがひょんなことからアンネの足跡を各地に追うことになってしまいました。ちょっと回りくどくなるかもしれません。でも僕の身の上をかいつまんでお話ししたら、きっとその経緯をわかってもらえるかと思います。

一九七八年秋に、ベルギーの首都ブリュッセルへ旅立ちました。その頃、東京で大学を卒業後、取材・編集や史料・資料収集の仕事をしながら新聞研究所に通っていたのですが、〈そのうち国際報道、特に戦争と平和について取材・執筆したい――具体的には欧州方面

に拠点を定め、日本の報道活動にじっくりと携わりたい〉

そんなことを考えていろいろ調べているうちに、英国、フランス、ドイツの主要三カ国のまるで谷底にあるベルギーが、とても面白い国に見えてきたのです。総人口は当時の東京都の人口と同じくらい。国土面積は四国と九州の間程度。小さな国です。

〈でもこんな所に住んだら、目立たないけれど大国を観察し、仕事の拠点とするには打ってつけではないだろうか……〉

そんな風に感じたのです。ちょうどその頃、これは今でも感謝しているのですが、当時の駐日ベルギー大使館文化部の日本人職員Tさんが、

「いきなり渡って仕事を始めるのでなく、まずベルギー政府国費給費生の試験に受かり、一年ほど専門の機関で勉強するとよい。きっと、それがいろんな形でこれからの記者活動の力になるだろう」

こう言って、ＥＵ（当時の名称はＥＣ）やＮＡＴＯの歴史や仕組みを教えるベルギーの欧州大学院への留学を勧めてくれました。

その学校はベルギーの西フランダース州の町ブルージュにありました。それから四十年近い年月を経た今、長年住むことになったブリュッセルの駅頭で日本人らしき若者が大きなスーツケースを引きずりながらキョロキョロ、歩いている姿を見かけると、

〈自分もあんな風だったなぁ……〉

と、思わずベルギーに到着した日をほろ苦く思い出します。

一九七八年十月初め、ベルギーに到着しました。首都ブリュッセルの駅から北西へ急行列車に乗って約一時間。ブルージュの旧市街の南にある駅からはタクシーに乗り、町中に入ると時代劇の舞台そのものの煤《すす》けた石造りやレンガ造りの家並みが現れました。割り当てられた学生寮は旧市街の外れにありました。

翌朝、玄関の扉を開けたとたん、ミルクのように真っ白な霧がどっと襲ってきて、数メートル先が雲の中のようだったのを鮮明に憶えています。濃霧は、車で半時間程度の北海から流れてくるのでした。霧が晴れ渡ると旧市街の石畳の大広場には、青空市の屑を漁りに、北

海から飛んできたカモメの群れが、しきりに舞っていました。暮らしが始まると、東京で働きながら十分に準備していたつもりでしたが、もう右も左も見聞きすることすべてに驚いてばかり。要領を得ないで、まごついてばかりいました。ベルギーでもおコメや魚をよく食べる等ということも知りませんでした。でもそのうちに北海から獲れる新鮮な魚介類の小さな常設市場を市内の一角に見つけ、そこで茹《ゆ》でた北海の小エビをおやつ代わりに食べる愉《たの》しみを覚えました。古新聞にくるまれた、殻《から》ごと茹でた小エビをそのまま頬張《ほおば》ると、海水で適度にきいた塩味が口中に広がり香ばしかった。

当時は日本がいよいよ世界の経済大国の地位を固め、国中がちょっと有頂天になり始めた頃で、これに比べ今のような中国の存在感は皆無でした。学校では朝から夕刻まで講義を受け、町の中心にある合同の学食で夕食を終えると百人あまりの学生は三々五々、数カ所に散在する学生寮へ散っていきます。ある晩、学食近くのビアホールに入るとガランとして閑古《かんこ》鳥《どり》が啼いており、先客は同じ学校のドイツ人学生ディッター君だけでした。ディッター君とじっくり話すのは初めてでしたが、ビールを何杯か重ねているうちに彼はしんみりと、

「やはり今でも何かの折に、僕がドイツ人だからということだけで、皆に手厳しいことを言われる。第二次大戦が終わって三十年以上経つのにね……」

と愚痴《ぐち》をこぼし、僕を驚かしました。これは多分、僕が日本、つまり第二次大戦でナチ・ドイツの同盟国だった国の出身だから心を許したのでしょうか。その頃、日本では「戦後は、もはや終わった」と発表した政府の経済白書などはとっくの昔に色褪《いろあ》せて、太平洋戦争は多くの人の記憶の彼方に追いやられ始めていました。ところが開明的なはずのブルージュの国際教育機関でさえ、第二次大戦の傷跡は癒えるどころか、こうして生々しく残っていました。

◆西フランダースの第一次大戦の激戦地跡を巡る

もう一つ、鮮明に憶えているのはブルージュの南西へ車で一時間ほどの、イープル郊外に広がる第一次大戦の古戦場を訪れたことです。ここを主要な戦場として、数年にわたり両陣営がイープル川を挟んだ塹壕《ざんごう》で睨《にら》み合う膠着《こうちゃく》状態が続き、夥《おびただ》しい犠牲者が出ました。到着して間もない十一月十一日は第一次大戦休戦記念日でした。この日、学校が手配したバスに乗り、イープル郊外の古戦場や平原に点在する各国別の戦没兵士墓地巡りに参加しました。毒ガス兵器が初めて使用された場所の地面に、地名を冠してイペリットとも呼ばれる毒ガス(マスタードガス)の流れてきた方角を示す矢印が刻まれていました。大腿骨が冷たい雨に打たれ野ざらしで放置された塹壕跡が今も目の奥に焼き付いています。塹壕に入り、細く開いた銃眼から目を凝《こ》らすと、川面の対岸が見え、まるで銃を構えた兵士の押し殺した息が聴こえるようでした。冬の到来を感じさせる、時折氷雨が降りつける、陰鬱《いんうつ》な一日でした。この学校には欧州の他、トルコ、イラン、米国などいろんな国の学生がいたので、先生たちには、世界大戦の実際の戦場を国籍や民族を超えた仲間同士の気分で学生たちに見せようという配慮があったのだと思います。

後年、アンネに悲惨な生涯をもたらしたナチの最高指導者アドルフ・ヒトラーが第一次大戦中、ドイツ軍兵士としてこのイープル郊外の塹壕の中で戦ったことを知りました。それから第一次大戦では日本は英国やフランスの連合軍に参加し、ドイツと戦ったのです。地中海方面へ旧日本海軍の駆逐艦八隻が派遣され、マルタ島の英連邦軍墓地に命を失った日本兵七十一人の慰霊碑があるのを知りました。ところが、日本は第二次大戦では今度はドイツの同盟国になりました。

◆アンネの住んだ街・アムステルダム

年が明け、冬が終わり復活祭の休暇が近づいた頃、この学校で知り合ったペータ・ルプール君というオランダ人学生がやって来て、

「両親が君を休暇中に招きたいと言っている。僕は先に帰郷するから、一人で来てもらうことになるが……」

と言ったのです。

それで隣国のオランダへ行くことになりました。三月末か四月頃でした。ペータ君に教えられた通り、ブルージュから汽車に乗り、二度乗り換え、いつの間にか国境を越え、三時間足らずでオランダのロッテルダムに到着しました。駅舎を出ると、ペータ君が待っていてくれました。弁当箱のような形をした中古の彼の愛車ルノー4は、高速道路に入るとガタガタ小刻みな音を立てながら疾走しました。左右にはどこまでも平野が広がり、牛、羊、馬がゆったりと遊んでいて、時々、遠くに風車が見えました。やがてアムステルダ

ムに着き、市内に入ると至る所に堀が入り組んでいて、小豆色、焦《こ》げ茶色のレンガ造りの民家が堀に沿って立ち並び、大都市と村が混じったような独特な雰囲気を醸《かも》し出していました。まずゴッホ美術館に行きました。

気持ちの良い天気で、美術館の中庭にあるセルフサービスの軽食堂で昼食がてら休憩していると、雀が遠慮なく飛んできてはテーブルのパン屑をさらって飛び去っていきました。その時、ふと思いついたようにペータ君が、

「『アンネの家』を見に行こう」

と言い出したのです。それを聞いて僕は、

〈そうだ。そう言えば『アンネの日記』を書いた子はアムステルダムに住んでいたのだ〉

と思いました。最初にお話ししたようにアンネに関する僕の知識はその程度だったのです。車は美術館の近くに残し、徒歩で行くことになりました。ペータ君は、

「『アンネの家』はプリンセン堀の西教会の近所だから、その堀を見つけ、それをたどっていけば必ず着く」

と言うのです。二人はまるで競争するかのようにどんどん歩きました。やがてプリンセン

堀に行き当たり、緩やかに湾曲《わんきょく》した堀に沿って歩き続けると右手前方に西教会の高い鐘楼《しょうろう》が見えました。『アンネの日記』に何度か登場する教会です。その数十メートル先に行列ができていて、それが「アンネの家」の表の入口でした(「アンネの家」の住所はPrinsengracht 263 Amsterdam)。

プリンセン堀二六三番の家屋の中に入ると、とたんにヒンヤリとした古い家屋に特有の、ちょっと埃臭《ほこりくさ》い空気に包まれました。鼻がつかえそうに急な勾配の階段を上りつめると、そこが小さな部屋になっていて、さらに進むと踊り場のようなスペースの奥に、壁から剝《は》がれたように半開きになった本棚がありました。実はこの本棚が、ナチから逃れたアンネの一家の隠れ家に通じる秘密の扉だったのです。

半開きの本棚の裏へ回るとまずアンネの両親の部屋、その隣がアンネと一家の知人の歯科医の兼用の部屋でした。うなぎの寝床のようなアンネの部屋の大きさは、六畳……。もう少し大きかったかもしれません。壁に古く黄ばんだ、雑誌などの切り抜きが貼ってあり、その中には当時のパリ社交界の花形ココ・シャネルの写真もありました。ふと、第二次大戦中のナチ占領下のパリでココ・シャネルなどの有名人やアーティストたちが繰り広げた派手な暮らしぶりを、当時の新聞記事で読んだのを思い出しました。

そんなスターたちに憧《あこが》れ、隠れ家でひたすら切り抜きを集めていたユダヤ人少女アンネがとても不憫《ふびん》でした。アンネたちは一九四二年初夏からナチに急襲され連行される四四年八月四日までの二年間あまり、この閉じられた空間に息を潜めて隠れて暮らしたのです。

「アンネの家」との最初の出合いはざっと、こんな具合でした。つぎに「アンネの家」に戻ったのは、それから十年後の一九八九年晩春のことです。どうして再訪することになったか――。その経緯《いきさつ》について、もう少しだけ、話を続けさせてください。

◈ユダヤ人女性聴講生の秘密

ブルージュでの留学生活は一九七九年五月初めに終わり、僕は首都ブリュッセルへ移り、いよいよ念願の取材活動をスタートしました。同時に公立の夜間大学日本語科の講師としての、昔風にいうと二足のワラジの生活が始まりました。この夜学には十八歳以上なら誰でも登録できたので、大学生から年金生活者まで年齢も国籍もさまざまな立場の人がいました。週一回の授業でしたが上級コース(三年生)の学生はかなりの漢字を駆使して内容のある作文を日本語で書けるほどに実力がついていました。

それで、ある時、「私の半生」という題の作文を課題として出してみたのです。その添削《てんさく》を夜、自宅でしていたら、フリーダさんという五十歳前後の女性の作文が目に止まりました。彼女はその中で、自分はベルギー国籍だがユダヤ人で、夫もユダヤ人だと言い、彼女の先祖は東欧からベルギーへ亡命してきたと説明していました。そしてドイツ軍がベルギーに侵攻してきた時、山間部の修道院がフリーダさんたちユダヤ人の子供をかくまってくれたというのです。そうでなかったら彼女は多くのユダヤ人と一緒にナチ収容所へ送られてしまったでしょう——。日本語の教室にはドイツ人も数人混じっていました。でもフリーダさんは彼女の過去の体験はおくびにも出さず、教室で彼らとも和気あいあいと勉強していたので、なおさら、はっと驚きました。

〈世の中にはいろいろな人がいるんだなぁ——〉

自分の暮らしているベルギー社会を覆う皮が、一枚剝がれたような……いや、むしろ自分の目を覆う鱗《うろこ》が一枚落ちたようなショックを受けました。

一方、取材活動の方は、米国系通信社の支局の一角を間借りしスタートしました。この通信社に事実上の倒産が伝えられた夜、ひと騒動が持ち上がりました。

「この汚らわしいユダヤ人め！」

突然、破《わ》れ鐘のような怒声が隣室から扉を揺るがし、響き渡りました。僕はコンピューターのある小部屋でやり残しの仕事をしていた最中でしたが、怒声の物凄《ものすご》さに思わずコンピューターのキーをたたく指がピタリと凍りついてしまいました。ドアを開けると、オランダ語系のベルギー人の老支局長と同じく次長が仁王立ちになり、若いユダヤ人の支局員ローマン君を睨みつけていました。実はその晩、支局へ入った時、この老支局長が事務机の袖引き出しからウィスキーの瓶を取り出すのを見て、

〈始まるな……〉

と予感したのです。〈始まるな〉と予感したのはこの二人の老記者が第二次大戦中、ナチ・

ドイツのベルギー占領下で対独協力の青年組織に所属していたとの噂《うわさ》を小耳《こみみ》に挟んでいたからです。事実上の倒産という不幸な知らせに酒の勢いが加わり、ユダヤ人のローマン君に八つ当たりしたのは明らかでした。

気まずい空気の流れる中でローマン君を外の喫茶店に誘いました。驚いたことにローマン君はケロリとしており、あれだけの悪態をついた二人の老人のことを別段悪く言う様子もありません。

それより、よほど親近感を持ったのか、彼の披露《ひろう》してくれた身の上話がとても面白かった。彼の両親は南アフリカ共和国に住み、二人ともユダヤ人で、母親はよく英米の新聞に寄稿する、かなり著名なジャーナリストなのだそうです。彼自身はフランスへ留学した際、仏国籍を取得しました。そしてフランス国営通信の特派員として香港へ派遣された時、ポーランド人の女性歯科医と出会い、結ばれました。財布から写真を取り出して見せてくれましたが、丸顔のとても愛嬌のある可愛らしい奥さんでした。奥さんは仕事の都合でロンドンに住んでいるのだそうです。彼はおもむろに鞄《かばん》からフランス製の高級化粧石鹸《せっけん》のケースを取り出し、

ひと嗅《か》ぎし、目を閉じ、

「あぁ、ジョー」

と奥さんの名を叫んだ後、「嗅いでみろ」と、あっ気にとられた僕の鼻先に突きつけたのです。ブランドものの香りがしました。するとローマン君は得意そうに女房の使っている石鹸なのだと説明しました。ローマン君は、

「親父はとても温厚な人間だが、一度だけものすごく怒ったことがある」

と打ち明けました。それはパリで勉強中のローマン君が、休暇で南アフリカの実家に戻った時のことでした。

「親父は僕が一国にしか銀行口座を持っていないと知ると、火の玉のようになって怒った。容易には許してくれなかった」

きっとお父さんは〈国家などというものは、およそ信用するな〉という気持ちを込めて、国家の胡散臭《うさんくさ》さを銀行口座という実生活の基礎に照らして教えてくれたのでしょう――。ローマン君はさらに、

「君はいい国籍を持っているね。日本というのは大変強い国籍だ」

とまた面白いことを言い出しました。さらに、

「アンダーな世界ではパスポートに国別値段があるらしいよ」

と言ったので仰天しました。闇《やみ》世界のパスポートではスイス、スウェーデンなどが極上もの、オランダも高価で、日本もかなり高値がついているはずだというのです。ローマン君は当たり前の世間話をしているつもりで、僕がいちいち驚くのを不思議がりました。

では、なぜ僕はそれほど驚いたのでしょう。よく考えてみると、僕は国家、領土、国籍、言語を特に分けて考えなくても一生が一応なんとか終わる国に育ったといえます。日本という国は国土と国民と歴史がおおむね一体となっています。当たり前じゃないか、と言われるかもしれないけれど、実はそんな国は世界広しといえど、むしろ例外というほど少ないのです。鈍感になっていた神経の一部が目覚めたような気分でした。この夜をきっかけにローマン君と付き合いが深まるにつれ、彼のふてぶてしいのとも違う、まるでテフロン加工のようにケロリとした、こだわりのない人柄に、

〈国際社会というつかみどころのない世界を、実にしたたかに世渡りしている人々がいるのだなぁ〉

と感じ入ることがよくありました。

◆ユダヤ人映画制作者の数奇な生涯

ブリュッセルで暮らすうちに、昭和天皇の病が悪化し、容体の気遣われる日々が続きました。その頃、ブリュッセルの書店で平積みにされた『頭《こうべ》を垂れて』という薄い新刊本を手に取りました。第二次大戦中に日本軍収容所に入れられていた女性の回想記でした。回想記に描かれたアジアにおける捕虜虐待《ほりょぎゃくたい》の話は僕が学んだ頃の中学、高校の歴史教科書で見かけた記憶はなかったけれど、欧州に来てみると、特にオランダ、英国では元捕虜で生き残った人々、民間人の収容所体験者がかなり生存していて、反日感情には根強いものがありました。『頭を垂れて』の著者はリディア・シャゴールと言い、この名前には、はっと思い当たりました。ブリュッセルの空手の道場で一緒に稽古《けいこ》したり、日本語の教科書を一緒に編《あ》んだりし、親しくしていたマルセル・ボーエンスという地元紙記者の前夫人と同名だったのです。マルセルには現在はミミという、とても気さくな年若い奥さんがいるけれど、彼はある時しんみりと、

「昔、リディア・シャゴールという映画制作者と結婚していた」と漏らしたことがありました。ただ大の日本贔屓《びいき》のマルセルと日本軍収容所体験者のリディア・シャゴールがどうにもすんなり結び付きません。とにかくシャゴールさんに会ってみることにしました。

約束の場所に現れたのは穏やかで意志の強そうな引き締まった痩身《そうしん》の初老の女性でした。マルセルのことを尋ねると、果たして同一人物でした。リディアさん一家はオランダ国籍で、第二次大戦勃発当時はブリュッセルに住んでいました。彼女の回想です。

「私の一家はオランダ国籍ですがユダヤ人です。一九四〇年五月、ドイツ軍が攻めてきた朝、アムステルダムから父へ急報が電話で入りました。父は政治的に指導者の立場にあったので捕まればそれきりです。私たち一家は進撃してくるドイツ軍と競争するように、南へ南へと逃げました。南仏から船で南アフリカへ着きました。さらにオランダ国籍なので当時の蘭領《らんりょう》東インド(注・現在のインドネシア共和国)へ海路向かったのです」

皮肉にもこれが裏目に出ました。到着間もなく、ドイツの同盟国・日本が蘭領東インドを占領したのです。一家はせっかく九死に一生を得たと思ったとたん、はるばる船でたどり着いた地で日本軍収容所に囚われの身となってしまいました。

日本軍の収容所は男性用と女性・子供用に分けて作られました。シャゴールさんの本は、虐待や虐殺があったとか、父親が飛行場設営のため遠路まで行進させられたり、たくさんの人が死ぬ話など、幼い収容所体験者としての記憶を綴《つづ》ったものでした。「頭を垂れて」というのは毎日、日本の皇居の方角を向いて、収容者全員が敬礼をさせられたのを題にとったものです。シャゴールさんはこうした思い出を激高するでもなく、淡々と語っていきました。話が途切れた時、日本人が憎くないかと尋ねるとそれは即座に否定し、元夫のマルセルとは友人として時々会い、日本料理を楽しむこともあると可笑しそうに答えました。ただ収容所体験者の中には、当時の肉体的な後遺症だけでなく精神的苦痛から立ち直れない人も多く、例えば日本車を目にしただけでいまだに顔を背《そむ》ける人もいると付け加えました。

「大戦が終わり、日本軍収容所から生還し欧州に戻ったら、親戚は皆、ナチ収容所へ送られ死に絶えていました」

こう言うと、シャゴールさんの言葉が途切れました。そして思い直したように、

「それで、こんな映画をつくり、それを本の形にした」

と、『頭を垂れて』よりも少し厚い本を手提げ鞄から取り出し、僕にくれました。表紙は鉄条網《てつじょうもう》の後ろで目を恐怖に引きつらせ、頬《ほお》がミイラのようにこけた子供たちの写真で、「総統の名の下に」という本のタイトルが真っ赤に刷り込まれていました。

総統とはヒトラーのことです。シャゴールさんは欧州各地を訪れ、虐殺された子供たちの記録を丹念に集め、一本の記録映画に仕上げたのです。おそらくは亡くなった人々への弔《とむら》いの気持ちが込められていたのでしょう。渡された本は、その作品から写真を選び、解説を添えたものでした。

シャゴールさんは、僕がアウシュビッツなど二、三のナチの収容所しか知らないとわかると、大判取材ノートをちょっと貸してみろと手繰《たぐ》り寄せ、そこに欧州大陸の地図を大雑把に描き、点在したいくつもの絶滅収容所や強制収容所の場所と名前をつぎつぎに書き出してくれました。中にはベルギー国内の昔の城塞をそのまま利用したブレンドンク収容所もありました。

その夜、アパートに戻り、シャゴールさんからもらった『総統の名の下に』を机の上で開きました。ページを繰るとヒトラーが優しい微笑みを浮かべ、子供たちに話しかける光景がありました。ドイツの子供たちでしょうか。次のページには石畳にナチの鉤十字《かぎじゅうじ》の手旗を振る子供たち。その次はオリンピックの際の写真かもしれません。ベルリンの競技場で「ハイル・ヒトラー!」という歓呼がまるで聞こえんばかりに片手を斜め前上方へ突き上げた無数の群衆――。ページを繰る度に拷問されるユダヤ人、子供たちの銃殺現場、顔をつぶされた子供の遺体、ゴミ穴のような溝に捨てられた子供たちの虐殺遺体、素裸で道路へ転がされ恐怖で目が凍りついた若い女性を懸命《けんめい》にかばおうとする老婦人と険しい表情で取り囲む男たち……。

これでもか、これでもか、とモノクロの写真が飛び出してきました。たぶん、その瞬間でした――。ふと、「アンネの家」に戻ってみようと思い立ったのは。

第2章◆アンネのルーツをたどる

アンネ・フランク（中央）の家族写真
© United Archives／ullstein bild／時事通信フォト

◆十年後に「アンネの家」を再訪

こうして一九八九年晩春、「アンネの家」を再訪しました。最初にペータ・ルプール君の案内で訪問したのは一九七九年の春だったので、ちょうど十年が経っていました。どうして再訪を思い立ったか――。理路整然《りろせいぜん》とは説明できないけれど、多分、ローマン君やフリーダさんをはじめとするユダヤ人と巡り合い、リディア・シャゴールさんの話を聞き、写真本を見たりするうちに、

〈ユダヤ人のことや第二次大戦のことを自分は何も知らない……〉

と痛感したからかもしれません。その頃(一九八九年)から欧州では、極右や、あからさまな人種差別主義運動の不穏な動きが出始めていました。ちょうど八九年四月はアドルフ・ヒトラーの生誕百年に当たっていました。

フランスでユダヤ人墓地が荒らされる事件が起きたのもこの頃でした。『アンネの日記』についても「『アンネの日記』は他の大人が書いたものだ」という、まことしやかな怪情報

が極右団体や人種差別組織から繰り返し流されていました。これに対抗して筆跡鑑定等を用いた科学的な研究が行われ、日記が本物だと裏付けられたというニュースが流れました。そして、このような研究の成果を踏まえた『アンネの日記』の不修正版が出版されたところでした。

それから、八九年春といえば東欧では自由化の動きが本格的になり始めていたのですが、まさかベルリンを西と東に隔てていた「ベルリンの壁」が半年後に崩れ、あれよあれよという勢いで冷戦時代が終結すると予測した人が世界中にいったい何人いたでしょうか。すべてが音もなく転がり出していた、嵐の前の時代でした。そんな雰囲気の中で、何か心の騒ぎを感じて、アムステルダムの「アンネの家」にもう一度、出かけたのだと思います。

ブリュッセルから直通の急行に乗ると、三時間足らずでアムステルダム中央駅に着きました。駅の外に出ると駅前広場の賑やかな音やざわめきがどっと襲ってきました。大道芸人がエレキギターを弾きながら、足を器用に使ってタンバリンを鳴らし、ボブ・ディランを真似て歌うのを、若いツーリストたちが囲み、カップルが絆創膏《ばんそうこう》のように互いに抱き合って聞き入っていたり、ある者は体全体でリズムをとっていたりしました。その人混みを縫って泳ぐように歩いている、一目で麻薬中毒とわかる、ミイラのように痩《や》せこけ、板チョコのような顔色をした若者が誤ってポトリと注射器を落とし、慌てて拾ってジーンズのお尻のポケットに押し込み、歩き去っていきました。そうかと思うと勤め人風、学生風の男女が急ぎ足で人混みをかき分け、通り過ぎていきました。

振り返り、見上げるとアムステルダム駅舎は赤レンガ造りの古風な建築物です。十九世紀後半の建築で、辰野金吾博士設計による赤レンガの東京駅に一時模倣《もほう》説が流れました。駅舎を正面から眺めると、似ていないこともありません。明らかに違うのは、正面玄関の上に金文字の風向計が大時計と対にはめ込んであり、小刻みに針が揺れていることでした。

ほんの少し汗ばむほどの快晴で、川風が心地よく頬に当たり、駅前広場の前には堀が小さな内湾のように広がっていました。一九四四年八月四日朝、隠れ家をナチに急襲され、連行されたアンネ一家はアムステルダムで留置後、この駅から地獄の旅へと移送されていったのでした。当時のモノクロの写真と比べると、駅舎の外観はほぼそのままです。その駅舎を目の前に、アンネはどんな気持ちだったでしょう。十年前にペータ・ルプール君が町の歩き方のコツを教えてくれたのを思い出しました。

「アムステルダムの旧市街はね、日本の扇子《せんす》を思い浮かべるとよい。アムステルダム中央駅を扇子の要に見立てると、それを中心に堀が二重、三重、四重と扇の骨のように広がっている。その間を蜘蛛《くも》の巣のように細い堀がつないでいるんだ」

そこで地図を見ながら国鉄駅を背にして歩き出しました。レンガ造りの古い家並みが、地盤が緩いせいでしょう、前のめりに傾き、左右にいびつに傾いたりして独特の雰囲気を醸し出しています。日本のように地震国だったら、きっと一揺れでひとたまりもないでしょうね。

細長い形の市電が仏壇の鉦《かね》のような警鐘を鳴らし、ひっきりなしに通っていきます。堀にかかった橋を三回くらい渡って、西教会の傍らの「アンネの家」に着くのに半時間足らずでした。「アンネの家」の前には十年前と変わりなく、いや、さらに長い参観者の行列ができていました。

◆なぜ日本人はアンネが好きなの？

「日本ではアンネは大変に有名ですね。なぜなのでしょう。アンネ財団内でも皆、よくその理由を話し合っているんですよ。オランダでは『アンネの日記』は主に少女向けの読み物と受け取られてきました。でも日本では大戦の被害者の体験談としてもっと広い読者層があるようですね。どうしてだと思いますか？」

この日は「アンネの家」に隣接するアンネ・フランク財団を訪れたのです。財団の建物に入ると、大学の研究室のように本や書類が書架に溢れるほど並んだ部屋に通され、そこで迎えてくれた神経質そうな女性研究員が開口一番問いかけてきました。

〈突然、どうしてと尋ねられても……〉

予期せぬ質問に面食らっていますと、見習い生がプラスチックのカップに注いだコーヒーを運んできました。一口飲むと、濃すぎもなく、薄くなく、あっさりとした香ばしい味です。

こちらが即答しないので女性研究員は、

「アンネ展開催の折に日本に行って感じたのですが、日本では常に、戦争は日本人に対し被害を与えたものだ、というふうにとらえられているのではありませんか」

と言いました。そして僕に尋ねたのです。

「アンネはそうした被害者としての象徴としてとらえられ、日本人に共感を呼んでいるのではないでしょうか」

一方的な論法だけれど、それまで考えてもみなかった視点なので、

〈なるほど、日本でのアンネの人気をそんなふうに見る人もいるんだ……〉

と唸りました。アンネについて何がしたいのかと訊くので、生い立ちから最期までをじっくり追ってみたい――。そしてその中で大戦の意味を考えたいと答えました。するとこの研究員は、それなら西ドイツのフランクフルトを振り出しにするべきだと勧め、

「アンネの生まれ故郷だからです」

と付け加えました。その日、ブリュッセルへの帰路の列車で改めて「日記」を読み始めると、アンネは冒頭から間もなく、私はフランクフルト・アム・マインで生まれ、住んでいたと自己紹介し、ナチの台頭のせいで一家全員がアムステルダムへ移ったと書いています。す

ぐにでもアンネの生まれ故郷を訪れたいけれど、勤めている会社の制約上、個人的な関心でベネルクス三国を勝手に離れ、ドイツを訪問するわけにはいきません。フランクフルトを訪問できる機会をじっと待つことになりました。

◆ドイツ再統一と雪解けで現れた第二次大戦の傷跡

果たして、アンネの故郷のフランクフルトに行く機会はそれから一年後に訪れました。その一年間に世界では一大事が起こっていました。冷戦の終結です。一九八九年十一月九日に、西ドイツと東ドイツの分割の象徴としてベルリンを分断し、長年、市民の行き来を遮《さえぎ》った「ベルリンの壁」が崩壊し、一気にドイツ再統一の動きが表面化したのです。翌九〇年五月、西独の首都ボンで開かれたドイツ再統一の第一回六カ国外相会議を取材することになりました。地図で確かめるとボンとフランクフルトはそんなに離れていません。会議取材の帰りに鉄道を利用しフランクフルトに立ち寄っても晩にはブリュッセルの自宅に戻れそうでした。

お話が少し相前後するのですが――。それより三カ月前、僕は東西ドイツ統一のきっかけの場面に遭遇しました。それは九〇年二月にカナダで開かれた北大西洋条約機構（NATO）とワルシャワ条約機構の合同外相会議の場でした。突然、この会議取材に出かけることになり、ブリュッセルから飛行機に乗ると八時間あまりでオタワに着いたように思います。一面の雪景色でブリュッセルより一層冷え込みました。薄く凍《い》てついた雪が道路を覆い、風が吹く度に厚手のコートの上から心臓に錐を突き刺されるように痛いほどでした。市内の薄暗いホテルの部屋に荷を解くと、惨めな気分でした。

会議は夜に入っても延々と続き、世界各地から詰めかけた数百人の記者は町の真ん中のプレスセンターで待機していました。外に出るにも、突然出発したので防寒具が不十分で寒すぎます。ふと思いついて電話帳を繰り、中華料理店を見つけ、試みに出前を頼んでみました。まもなく、中国人の青年が魔《ま》法瓶《ほうびん》の化け物のような箱型の保温ケースにワンタンやチャーハンを入れて配達してくると、プレスセンター内はたまらないほど美味そうな胡麻油《ごまあぶら》混じりの匂いに包まれました。各国の記者が物珍しげにちらりちらりと見ていましたが、とにかくお腹が空いていたので、記者机のタイプライターを押しのけ、腹ごしらえを始めました。そうしているうちに東西ドイツ統一の話が動き始めたという情報が飛び交い出したのです。

決まったのは「2プラス4」という統一を話し合う仕組みでした。「2」は東西ドイツ二カ国のことで、「4」は第二次大戦戦勝国の米国、ソ連、英国、フランスの四カ国。この六カ国の外相が定期的に会合を行い、最終的には二つのドイツを統一する段取りが決まったのです。このオタワ会議の結びでは印象的な演説が二つありました。その一つは、ゲンシャー西独外相が、

「われわれの望むのは、東西ドイツとベルリン地域の統一だけだ。それ以上は何も望まない」

と涙ながらに一言、一言かみしめるように数百人の記者の前で言ったのです。これを耳にして僕は、

〈なぜそんなわかり切ったことを老練の外相が涙ながらに言明する必要があるのだろう……〉

と心の中で訝《いぶか》しく感じたのです。でも、その疑問は翌朝、ポーランドのスクビエッスキー外相の緊急記者会見を聴いて解けました。この外相は「2プラス4」の六カ国外相が去るの

を見計るようにオタワのプレスセンターで緊急記者会見を開き、

「東西ドイツ両国は統一前に、ドイツがポーランド西部地方の一部のドイツ帰属を永久に求めないと言葉だけでなく、きちんとポーランドと条約を結ぶべきだ」

と語気鋭く迫ったのです。つまり、

〈涙ながらのゲンシャーの口約束だけではとても安心できない。ポーランドへの領土不拡張の証文を書かなければ両独統一は認めない〉

と警告したのでした。

ポーランドのシレジア（シュレージェン）地方にはドイツ語住民が多く、東西ドイツ統一に乗じてその一帯も併合されかねないと、「2プラス4」六カ国交渉の蚊帳《かや》の外に置かれたポーランドは疑心暗鬼《ぎしんあんき》になったのです。結局、第二次大戦のしこりは大戦直後に始まった東西冷戦下で〝冬眠状態〟になっていただけでした。冷戦終結に伴い雪解けで地肌が露出するように再現し始めたのです。それから約二十年後、オランダのハーグで偶然、スクビエッスキー氏に会いました。それで、オタワの臨時記者会見の思い出を尋ねると、元外相は表情をほころばせ、

「あの時（オタワ会議）は、このまま黙っていたら、六カ国によるドイツ再統一の交渉が動き出せばポーランドの立場は危ういと直感した。それで思い切って臨時記者会見を開き、懸命にわが国の立場を訴えたのだ。その結果、われわれの主張は尊重された」

と懐かしそうに回想しました。この元外相はしばらくして亡くなりました。

◆アンネのルーツをフランクフルトに訪ねる

オタワ会議から三カ月後、一九九〇年五月の初旬、第一回「2プラス4」外相会議が西ドイツのボンで開かれました。ライン川沿いのボン大学の周囲ではマロニエの若葉が油絵の絵の具を塗ったように瑞々しく、初夏の陽光に照り輝いていました。会議終了後、ボンから鉄道でフランクフルトに向かいました。正式な名はフランクフルト・アム・マイン。マインは河川の名で大昔、川沿いに町が発達しました。フランクフルトは今もマイン川沿いに空に突き出るように欧州中央銀行のビルが聳《そび》えていたりして、世界の金融の中心の一つです。

『アンネの日記 研究版』などによると、アンネのお父さんオットーはこの町で今でいう小さな投資銀行のような「フランク銀行」のオーナーの家系でした。十七世紀から金融業に携わっていたそうだから、相当に裕福だったことでしょう。フランクフルト駅前からタクシーに乗り、『アンネの日記 研究版』の論文にある住所を運転手さんに見せて、アンネの生家にたどり着きました。

マーバッハ通り(Marbachweg)三〇七番は、閑静《かんせい》な住宅街で、道は草野球ができるくらい幅がありました(グーグル・アースに住所をアルファベット綴りで入力すると家や周囲の衛星写真を観ることができます)。たまに車が通り過ぎた後は、再びあたりはシーンと静寂に包まれました。道端の立ち木もすっくと立派です。アンネの一家はこの大きな家屋の一部を借りたのです。当時は町外れだったのが、今はフランクフルト市内の立派な住宅地になり、通りの三〇七番の「アンネの借家」というより「アンネの豪邸」は健在で、建物の前側の壁面にアンネの住んでいたことを示すプレートが埋め込んでありました。

〈戦争さえなければアンネは何不自由ない恵まれたお嬢さんの暮らしを送り、結婚し、幸せな家庭を築いたのだろうなぁ――〉

こんな月並みなことをふと考えました。

アンネは、一九二九年六月十二日早朝、市内の病院でオットーとエディット夫妻の次女として生まれました。前晩に陣痛が始まり夜通しオットーは病院で待機し、午前六時頃やっと産声《うぶごえ》が響き渡った難産でした。ところで「二九年」と聞いて、思い当たることはありませんか。そう、この年十月のニューヨーク・ウォール街株価大暴落を引き金に、大恐慌が怒濤《どとう》のように世界各地へ広がっていった大変な凶年でした。

欧州にも大恐慌の波が押し寄せ、三一年五月にオーストリア中央銀行が破産し経済恐慌が起こり、同年七月、隣国ドイツでも金融恐慌が始まり、フランクフルト証券取引所が無期限閉鎖されました。恐慌が深刻化し社会不安が高まる中、三〇年元旦にベルリンでナチのSS(親衛隊)メンバーたちによるユダヤ人八名の殺害事件が起こり、ユダヤ人迫害が本格化します。そして同年九月のドイツ総選挙でナチ党(国家社会主義ドイツ労働者党)が大躍進し、百七議席を獲得しました。

同じ頃、アジア情勢も険悪化の一途をたどりました。アンネ誕生の前の二八年六月四日、奉天《ほうてん》近郊で日本の関東軍による張作霖爆死事件が起こり、日本では翌月、軍部・政府に批判的な人々を拷問《ごうもん》で殺傷さえする特高《とっこう》が全国で国民生活を取り締まるよう体制強化されました。大恐慌は津波のごとく日本にも押し寄せていました。三〇年には日本で農業恐慌が発生し、三一年九月十八日に満州事変が始まりました。一九一八年に第一次大戦が終わってわずか十年あまりで、再び不穏な世界戦争の影が忍び寄り始める――。アンネはそんな呪われた年に生まれたのです。

ナチは着実にアンネの一家にも影響を及ぼし始めました。三一年三月、一家は、それまで暮らしたマーバッハ通りの素敵な借家を去り、近隣のガングホーファ通り(Ganghofer-straße)二四番の、一回り小さな借家へ引っ越しました。ただ引っ越し先はそれでも立派な構えで庭もあり、幼いマルゴー、アンネの姉妹には暮らしやすい環境だったはずです。

引っ越しの理由はマーバッハ通りの大家がナチ党支持者になったためでした。大家に追い出されたのか、アンネの両親から出ていくことにしたのかは不明です。さらにアンネの一家は、三三年三月、ガングホーファ通り二四番から、ヨアダン通り(Jordanstraße)のオットーのお母さんの家へ転がり込みます。大恐慌でフランク家の家業が大きく傾き、家賃節約が主な理由でした。

ヨルダン通りまで足を延ばすのは諦め、フランクフルト市内の美術館で開催中のアンネ・フランク展に立ち寄りました。美術館に入ると入口のホールには、破壊し尽くされたフランクフルト中心市域の模型が陳列されていました。市域の破壊は、連合軍の空襲によるもので、一目で〈たくさんの市民が死んだに違いない〉との思いが湧いてくる展示でした。僕は内心、

〈これはドイツ人の無言の抗議なのかな〉

と感じました。ドイツでは、ベルリンで自害したとされるヒトラーは別にして、戦後、戦犯たちは処刑・処罰され、その後も平謝りに謝り続ける政策を未来永劫に向け堅持していま す。その一方で、ふと、この陳列にはこんなドイツ人のメッセージが秘められているような気がしたのです。

〈われわれは何も言わない。けれど、ここでもこれだけの市民が殺されたのだ〉

「フランクフルト空襲」の陳列を観ていろいろ考えさせられますが、一つ確かなのは、い

つの時代でも、いかなる戦争でも最大の被害者は普通の市民だということです。日本国内でも「赤紙」と呼ばれた召集令状によって無理やり戦場に送り出された多くの若者が命を失い、空襲やそのほかの攻撃で数多くの市民が殺されました。アンネの展示コーナーに進むと、見学に来たドイツの高校生たちと出くわしました。そこでヒトラーはなぜユダヤ人を憎んだのかと尋ねてみました。すると優等生とおぼしき女学生が答えました。

「ウィーンで画家を志して数年間受験したけど、先生が皆ユダヤ人でユダヤ人ばかりを贔屓し、その度に不合格になり、ユダヤ人を憎むようになったのよ」

これはおそらくこんなふうに学校や家庭で教えているのでしょう。その説明には巧妙に三段論法のトリックが隠されています。ヒトラーが数年間受験に挑んだことも、先生にユダヤ系が多く、たまたま合格者にユダヤ人が多かったのは事実かもしれません。仮にそれが事実だとしてもそれらを巧みにつなげ、さらには「芸術家にはユダヤ人が多い」という一種の偏見を利用し、今でいう「ポスト真実」を作り出す。つまり「だから差別されたヒトラーにはユダヤ人を憎むそれなりの理由があった」と無言の結論へ導こうとしている、という解釈も可能だということです。このやり方が大々的に行われたのが、一九二九年に始まる世界大恐慌に伴い、ナチが大々的に台頭する一九三〇年代でした。

◆呪われた一九三三年――欧州と日本

アンネの一家は一九三三年、フランクフルトからオランダへの移住に踏み切りますが、この三三年はアンネにも、日本にも、そして世界にとってもいろいろな意味で節目《ふしめ》となる年でした。手元の歴史年表を開くと、一月にヒトラー政権の誕生が太字で記され、同じ年の三月二十七日には「日本、国際連盟脱退通告」と、これも太字で印刷されています。ところでSF映画に登場するタイムマシンが本当にあったら三三年に戻って、当時の人々と話したり、ヒトラーや日本の政治家の演説を聴いたりできるでしょう。

タイムマシンではないけれど、インターネットを使って、限定的ですが当時の記録映像を臨場感たっぷりに視聴できます。例えば「松岡外相　国際連盟脱退」をYouTubeで入力してみてください。たちまち「ジュネーブの国際連盟における松岡洋介外相の演説」の生々しい映像が飛び出てきて、会議場の人々の険しい顔つき、目つき、凍りついたような緊張感が感じられます。三三年当時の世相をうかがい知るには古新聞を読む方法もあります。それで当時の様子が再現できるわけではないけれど、たまたま三三年のある日に、ある国の、ある記者が眺め、感じた雰囲気はこんなものだったかと想像する手掛かりにはなるでしょう。

アンネの住んだオランダには「テレグラフ」という日刊紙が戦前からありました。現在も発行され同国最大部数を誇る、かなり煽情的な保守系新聞で、第二次大戦中の対独協力への批判もあります。でも国民に広く読まれ、そのため普通の人々が当時、どのように感じていたかをうかがい知る貴重な手掛かりには違いありません。同紙一九三三年一月三十日付の一面は、ヒトラー政権誕生を「ヒトラー、首相に」と伝え、閣僚リスト、ベルリン市でのヒトラーの演説風景の写真、同市内の社会主義者のデモの報道や「ヒトラー中央党、バイエルン国民党と協議へ」などの関連記事で埋め尽くされています。「ヒトラーの若い日」と題した人物紹介もあります。おおむね次のような内容です。

「一八八九年、オーストリアのブラウナウにオーストリアの税関吏の息子として誕生。十三歳で父を亡くし、画家を志すが、糧を売るため塗装の仕事に従事。貧乏だが社会主義を嫌悪し、二十三歳でウィーンを離れ、ミュンヘンへ。そこで画家・建築家を志すが、大戦勃発に伴い、ドイツ軍に志願し、伍長として最前線に赴き、負傷した上に、一九一八年十月、毒ガスで一時失明。色素識別不可になり画家を断念した」

これを読むと、好感とまではいかないとしてもヒトラーがなかなかの苦労人だったような印象を受けます。ウィーンでの塗装業については真偽は不明ですが、この人物紹介の筆者はヒトラーの著書『わが闘争』をそっくり短縮したのではないかとさえ疑われます。ヒトラーの伝記を何冊か読むと、彼が隣国ドイツのミュンヘンへ移った真相は食い詰めての移住だったようです。同日のテレグラフ紙は予測記事まで載せています。見出しは「ドイツ帝国全体による独裁者の支持、ほぼ想像は不可能」です。予想は見事に外れたわけだけれど、なぜ見誤ったのか——。記事の一部をここに紹介します。

「(ヒトラーは)イタリアのムッソリーニのようにはならない。危険なのはヒトラーが独裁計画を押し通さず、疑いなくじっくりと実現を試みると予想される点だ。だが彼は（ドイツ国内に）同盟相手を見つけねばならない。帝国（をまとめ上げる）には交渉が必要だが、彼は交渉が苦手だ。もし彼が成功すればイタリアのファシズムに似た、一元化した体制をドイツに作れるだろう。だが、われわれはドイツ全体が彼を支持するとは到底想像できない」

ヒトラー政権誕生の夜、アンネの両親はドイツ人の友人夫妻の家へ夕食に招かれました。夕食後の団欒中、ラジオでヒトラーの演説を聴いた後、「この男にやらせてみよう」と、真顔で期待を表した友人にアンネの両親はショックを受けたそうです。この挿話にヒトラー政権を誕生させた当時のドイツの空気が感じられます。同日のテレグラフ紙をさらにめくると、今も健在で日本の旅行者にも人気のあるホテルの広告が載っています。

「アムステルダムのクラスナポルスキー・ホテルの『ホワイトルーム』（注・現在もホテル内にある老舗の高級レストラン）でディナーが三ギルダー！　朝食付き部屋代三・五ギルダー。風呂付きは四・五ギルダー。一・四五ギルダーでセンセーショナルなメニューを。ダンスやシヨーもお楽しみになれます」

当時、一九二九年の世界大恐慌はオランダも不況、失業の嵐に巻き込みましたが、このように生活をエンジョイする階層は常に存在するものなのですね。翌三十一日付のテレグラフ紙は、

「ヒトラーの政策一層明確に。経済・通貨分野での実験行わず。一月三十日初閣議。フォン・クロージク蔵相に」

と動き出したヒトラー内閣の動向を伝えました。

ところで、一九三三年が昭和何年に当たるか。急に問われると僕などは手帳の対照表を見ないとすぐにはわかりません。昭和八年です。日本には元号が存在します。極端なことをいうと元号のおかげで世界史と日本史の二つの時間の流れが存在しているような気がします。今では日本史と世界史の教育に工夫が重ねられたようですが、僕の中学、高校時代には、日本史と世界史が分けて教えられ、それで僕は第二次大戦と太平洋戦争がまるで異なる時代に

起きた戦争のように感じてきたのかもしれません。

さて、三三年頃の日本はどんな状況だったのでしょう。三二年一月に第一次上海事変、同年二月、リットン調査団が来日し、翌三月、満州国建国宣言、五月には五・一五事件が起き犬養首相が暗殺されます。そして十月二日、リットン報告書が公表され、翌年三月二十七日、日本は国際連盟脱退を通告します。さらに一九三六年二月、二・二六事件が起こり、高橋是清蔵相らが暗殺され、同じ年の十一月二五日、日独防共協定が調印されます。

本書の冒頭で「また戦争が起こるような気がする」と最後の電話で僕を驚かせた叔母は、一九二二年(大正十一年)生まれだから、一九三六年当時は十四歳。険悪化し緊張度を増す世相を体感できる年齢でした。それでは先ほどのテレグラフ紙の記者が当時の日本をどう見ていたのか――。三三年一月十日付同紙一面の論説記事がそれをうかがわせます。

「世界と満州(注・現在の中国東北部)。日本のエゴイズム！　西洋の人々はなぜ日本が天然資源もない満州を欲しがるか不思議がっている。大多数の満州の人々は中国人で、日本に猛烈に反感を抱いている。ジュネーブ(注・国際連盟)では(満州)問題に介入すべきか、すべきでないかを巡り交渉が続いている。この決定は国際的な将来にとり極めて重要ではないだろうか。国家間の紛争に対する国際関係の役割はいったい何か。各国は自らの国益にだけしか関心をもたぬ結果、かつての戦争の(力に基づく)論理がぶり返し始めている」

オランダだけでなく、英国をはじめとする欧州や米国の、同時期の新聞をざっと調べてみると面白い発見がありました。欧米ではヒトラーの登場よりも、東洋の動きにはるかに神経を尖らせ、ページ数も多く費やす傾向が認められたのです。日本は許せない、という激しい論調に比べ、灯台下暗し《とうだいもとくら》し、とでもいうのでしょうか——ヒトラーの台頭にはとても緩慢な注意しか払っていなかった……。これが僕の率直な印象です。

第3章 ◆ アンネ一家はなぜオランダへ逃げたのか

笑顔のアンネ・フランク
© dpa／時事通信フォト

◈アンネの両親がアムステルダムを選んだ理由

アンネの一家は一九三三年にドイツのフランクフルトから隣国のオランダの首都アムステルダムへ移り住みました。この年一月末にヒトラーが政権を掌握《しょうあく》しました。三三年、夏休みの後、アンネは入園する予定だった保育園からユダヤ人の子という理由で入園を取り消され、姉マルゴーの小学校からは「ユダヤ人の子は通学を禁じる」という通知が届きました。アンネの両親はナチ・ドイツのユダヤ人迫害が日増しに強まる中で苦渋の決断をしたのです。

その後、アンネの両親の恐れは現実のものとなりました。「水晶の夜」と呼ばれるような恐ろしいユダヤ人襲撃が本格化し始めました。「水晶の夜」というのは一九三八年十一月九日から十日にかけた夜間にドイツ各地でユダヤ人の商店やシナゴーグ(注・ユダヤ教会)が組織的に襲撃された事件です。襲撃で砕《くだ》け、街路に散乱した窓ガラスの破片が街灯に照らされキラキラと不気味に輝いた光景を「水晶の夜」と表現したものです。これに続き、数万人のユダヤ人男性が強制収容所へ移送されました。

アムステルダムを選んだのはおそらく、父親のオットーにアムステルダムの土地勘《とちかん》があったためでしょう。オットーは独身時代の一九二三年頃、フランク家の家業フランク銀行の子会社をアムステルダムに設立し、しばらく暮らしたことがありました。後年、「どこへ逃げようか」と夫婦が話し合った時、アムステルダムが有力候補地に浮かんだと思われます。この選択がアンネ一家の運命を決めました。オットーの妹は夫と永世中立国スイスに移住し、オットーの母親も娘夫婦に合流します。オットーの兄ロバートは妻と英国へ、独身の弟はフランスへ逃げ、全員が戦後まで生き残りました。

第一次大戦と大恐慌でフランク家の財政は大きく傾きましたが、それでも米国移住は十分可能だったはずです。せめてスイス、英国を選んでいたらアンネは助かったのに――。フランクフルトから鉄道で朝に発てば午後にはアムステルダムに着きます。しかし逆に言えば、戦争になれば数時間でナチ・ドイツ軍が攻め入ってくる危険な距離とも言えます。

でも、きっとその場ではそんなふうには考えないものなのでしょう。ちょっと似た話をユダヤ人の生還者ウェルナー・レーウェンハルト氏など三人から聞きました。それは偽造パス

ポートについてでした。レーウェンハルト氏は、

「ある時期まではアムステルダムの下町で、当時のカネで五百ギルダー出せばパスポートを買えた。例えばニカラグアのパスポートとかだ。ドイツ人の南米移住は多かったからね。このパスポートを入手すれば百パーセント安全のはずだった。確かに当時の五百ギルダーといえばかなりの金額だが、命のことを考えれば手が届かない額ではなかった。でも多くの（ユダヤ）人は買わなかった。その場、その場ではそういうものなのだね」

と、回想しました。アンネの幼友達のハナー・ピック・ゴスラーさんは父親がスイス経由でパラグアイのパスポートを入手していて、連行されるのが周囲のユダヤ人よりやや遅れたそうです。でも結局はハナーさん一家もナチに連行され収容所へ送られました。だから百パーセント大丈夫というわけでは決してなかったのです。以上は個人レベルの話ですが、オランダを含む欧州全体、さらに世界全体が大戦の間際まで「まさか」とずるずる油断していた傾向はなかったのでしょうか。一九三八年九月二十九日付のオランダのテレグラフ紙は、

「戦争の脅威去る」

とデカデカと大見出しで一面トップを飾りました。これは英国のチェンバレン首相がヒト

ラーにチェコのズデーテン地方のドイツ帰属を認める譲歩により、独軍の即時進撃回避を伝えたもので、九月二十九、三十日のミュンヘン会談開催を祝った内容です。米国でも号外が出たというし、各国が「戦争は遠のいた」と有頂天になったようです。

オランダでは翌三九年八月二十八日になってようやく動員令が下りました。「一九二四年から三八年の間に兵役に就いた者は軍へ戻れ」という命令でした。翌二十九日付のオランダ各紙は、「兵隊の国内移動に特別列車が五百本出され、一万四千頭の馬が輸送された。一般旅客便は運休」などと報じています。でも史料として残る、兵士が家族に宛てた手紙には、「軍はとても快適で、ベッドは藁《わら》製で、飯も悪くない。朝の起床ラッパは警報に変わり、音楽が使われることもある」

と依然として緊張感が欠けています。一九四〇年五月十日付のオランダのユトレヒト紙に、

「チェンバレン辞任の公算強まる」

と、ようやく危機感が出てきました。けれども、すでに手遅れでした……。この新聞が唸りを上げ回転する輪転機から出てくる早暁には、ドイツ軍はオランダ侵攻作戦に突入し、空からも、陸からも総攻撃を開始していました。数万トンという大型の船に乗っていると、そ

の船の進行方向が変わるのはわかりにくいものです。当時の人々は、その日、その日に追われ一喜一憂するうちに、大戦へ確実に向かい始めた底流に気づかなかったものか――。もしかしたらこれはいつの時代にも、つまり当然、今、僕たちの暮らす二十一世紀前半でも変わりない社会現象なのかもしれません。

◆アンネのお父さんはヒトラーの上官だった

アンネのお父さんオットーはどんな人だったのでしょう。顔写真が残っています。新婚旅行の折のイタリア・リビエラ海岸での妻との幸せそうなツーショット。一九三〇年代に撮影した事務員のミップ・ギースとの写真など。痩せた、額の広い、賢明で触ると悲鳴を上げそうに細やかな神経の持ち主の印象を受けます。でも『アンネの日記』でアンネが記した父親の描写やアンネの幼馴染みのハナー・ピック・ゴスラーさんの回想では、オットーの人柄はかなり違っていました。六十歳を越したハナーさんはオットーを父のように慕っていた様子で、ふと思い出したように、

「そう、オットーさんは面白い方で……」

と笑《え》みをこぼし懐かしさを込めて切り出した後、こう述べました。

「オットーさんは何か物事がうまく行かないことや困ったことが起きても、『ああ、そうかね。それはそれで仕方のないことだね』と、まったくこだわりがない人でした」

オットーは一八八九年(明治二十二年)、フランクフルト市内の自由主義のユダヤ人が多く住む西部地区に豪邸を構えるフランク家の次男として生まれました。彼の人生を振り返ると、そのまま二十世紀前半の、人間の歴史の皮肉、あるいは国際関係の矛盾がそのまま剝き出しになっています。例えば、彼が第一次大戦中、ヒトラーと同じドイツ軍に属し、しかも車を飛ばせば数時間という距離にある戦場で戦っていたという事実は驚くべきことです。

第1章でお話ししたベルギーのブルージュ近郊のイープルの戦場跡のことを覚えていますか。ヒトラーはあの戦場へ送られたのです。オットーの戦った戦場は、そこから南東方面へ車で数時間の距離にあるフランス北部のベルギー国境付近でした。おまけになんとオットーは大戦末期に砲兵隊中尉になり、兵長若しくは伍長に終わったヒトラーより軍隊の階級がはるかに上でした。

オットーはユダヤ人でしたが、ドイツに生まれ育ちドイツ国民として堂々と祖国のために出陣したのです。一方、ヒトラーはオーストリア人で、幾冊かの伝記によれば、徴兵忌避《ちょうへいきひ》をし、定職に就くでもなく、一時はウィーンでホームレス生活をした挙句《あげく》、南ドイツのミュンヘンへ流れてきて、たまたま第一次大戦が起こり、やっと〝食い扶持《ぶち》〟を得たのでした。

これがわずか十五年後の一九三三年には、オットーは命をかけ戦ったはずの「祖国」を家族と追われ、逆にヒトラーは食い詰めてたどり着いた先で、彼にとっての新たな「祖国」ドイツの総統にのし上がるのですから、いかに世の中がいい加減なものかわかります。逆に言えば、そもそも「祖国」などというものは突き詰めればこの程度のものなのかもしれません。

◈「嘘をつくなら大きな嘘をつけ」――世界現象だった全体主義

全体主義がドイツだけで起きていたように錯覚《さっかく》しがちですが、実際はそうではありませんでした。反ユダヤ主義は、例えばドイツに隣接するオーストリアでも根強い動きがありました。そのオーストリアはヒトラーの生まれ故郷です。ウィーン大学に訪ねた歴史学の先生に

「ヒトラーはウィーンに何年か住んだが、ルエーガーなどの反ユダヤ主義者の影響を強く受けた」と教えられました。この先生は、ちょっと面白い例を見せよう、と言って研究室に山積みされている講義用の教材の山からマドンナの舞台に熱狂する若者たちの写真とヒトラーの演説に歓呼し「ハイル・ヒトラー！」と片手を一斉に突き出す聴衆の写真を抜き出し並べ、「ファシズムのファッショとファッションは実は語源的には同じなのだ」

と面白いことを言いました。

ヨアヒム・C・フェスト著の伝記『ヒトラー』には、オーストリアの反ユダヤ主義の理論的支柱として、キリスト教社会主義者のカール・ルエーガー(Lueger)と汎ドイツ主義のゲオルグ・リッター・フォン・シェーネラー(Ritter von Schönerer)を挙げています。この伝記は一八七〇年代初頭の恐慌に伴い、反ユダヤ主義がウィーンを中心に高まったと指摘しています。

さらにウィーンのユダヤ人が当時のウィーン総人口の中で、一八五七年に二パーセントだったのが一九一〇年には八・五パーセントを占めるに至り、地区によっては住民の三分の一がユダヤ人の場合もあったと記しています。僕自身が古文書館などの資・史料に当たって裏付けた数字ではないので、あくまでも引用に過ぎません。ただ、単にヒトラーを反ユダヤ主義の元祖のごとく安易に定義して、大戦が起こるまでの根底や経緯を掘り下げようとしないのは明らかに間違いだということは肝《きも》に銘《めい》じておきたいと思います。

仮にウィーンのある地区の人口の三分の一がユダヤ人に占められたとしても、それで差別されていいはずはありません。ただ権力掌握を狙う政治家は、ユダヤ人口の多さと一般選挙民の間の失業増加への不満を巧みにすり替え、人気集めに利用したのでした。ヒトラーの天才、ただし負の意味での天才はここにありました。彼は、一九二九年の世界大恐慌に続き、荒波のごとく押し寄せる不況や社会全体の反感の温床を巧妙に国民総ヒステリー現象にまで仕立て上げました。その勢いに乗じて合法的な手続きの選挙を経て権力を掌握したのです。社会不安をどんどん煽《あお》り立てておいて、その救世主のように自分を仕立て上げる――これはどの時代にも、どの国でも、ポピュリスト政治家たちが用いてきた手口ではないでしょうか。

第一次大戦前の数々の大衆紙をウィーン大学の図書室で閲覧しました。この頃、ウィーンに住んでいたヒトラーの目に触れた可能性は高そうです。たまたま選んだ新聞各紙を繰ると、人種差別的な絵や失業の深刻さをクローズアップした記事がつぎつぎに出てきました。このような傾向はオーストリアに限りませんでした。

例えば、戦前から第二次大戦にかけスウェーデンにもナチズムに呼応する運動が有力だったし、フランスにも、ベルギーにも、そして英国の一部にも存在したのです。オランダの場合、ムッセールトという人物がリーダーとなりオランダのナチ政党・国家社会党（NSB）が立ち上げられ、勢力を増していきました。このムッセールトは第二次大戦後、対ナチ協力の指導者として処刑されましたが、党員たちは生き長らえたわけです。そういえば第1章でユダヤ人のローマン君を毒づいた米国系通信社の老支局長たちも占領下でベルギーのナチ協力組織の青年団員だったというのが専らの噂でした。ある高齢のオランダ人男性に当時の様子を尋ねると、

「NSBの連中は、組織はあまり大きくなかったが、ずいぶん乱暴を働き、恐ろしがられた」

と吐き出すように証言しました。

アンネの一家が逃げ込んだオランダの様子をもう少し調べてみましょう。一九三四年七月四日、オランダではコレン内閣による失業者手当の減額に対し激しい抗議の全国ストが行われました。その際、軍隊介入でデモ隊に死者が出ました。死者六人というのは人口が日本よりはるかに少ない国にすれば、相当に激しい衝突規模です。失業問題はそこまで緊迫していました。オランダの失業登録者数は一九三〇年に二十五万人。三六年には五十二万五千人と二倍以上に膨らみました。当時のオランダの人口は八百万人だから極めて高い失業率です。失業した男性が窮状を訴えるプラカードを掲げた写真が残っています。

「誰か私の仕事探しを手伝ってくれ。職種問わず。パン焼き、菓子作りの技術あり。当方は正直な市民」

失業者は午前、午後の二回、スタンプを押してもらうため失業者救済の事務所前に並びました。ムッセールトの率いるオランダのナチ政党ＮＳＢはこの社会情勢を巧妙に利用し、一九三七年の総選挙運動を行い、選挙民の不満をくすぐったのです。スローガンにはこんな文句が並んでいます。

「民主主義は金持ちだけのために存在」

「民主主義は貧者、労働者を一層貧しくする」

「上流はさらに豊かに、大衆はますます貧しく」

「知的女性はＮＳＢへ投票する」

「ドイツを見ろ！　ドイツのナチ党は失業を改善した。だからわれわれも同じ道を選ぼう」


このような過激な選挙運動を展開するムッセールトたちＮＳＢに対し支持者もありました。でもドイツから、反ヒトラーの人々や人種差別反対者たちを政治犯として送り込む強制収容所の存在が次第に国境を越え伝わると、オランダでは不安が高まり、抗議デモやドイツ製品の不買運動が起きたのです。ところが、ドイツからナチの迫害を逃れ、ユダヤ人がオランダへ亡命を試みるようになると、オランダ政府は受け入れに態度を硬化させました。その背景にはこうした複雑に揺れ動く世論への配慮と葛藤《かっとう》があったのでしょう。

オランダの難民政策は実は、ドイツ軍侵攻（四〇年五月）のずっと前から厳しくなっていました。アンネ一家の移住は一九三三年ですが、三〇年代にすでにナチの迫害を逃れドイツから逃げてくるユダヤ人の数を制限したり、オランダ国民が逃げ込んでくるユダヤ人の越境に手を貸すのを禁じたりもしました。興味深いことに、二〇一五年の欧州難民危機でも欧州諸国で難民受け入れ硬化という似た現象が現れました。

一九二九年に始まった大恐慌により、三〇年代を通して欧州全体が失業の波に襲われていました。ナチ勢力の拡大はこの失業の嵐の中で進みました。社会に漂うやり場のない不満の空気を巧みに利用し、無責任な空手形でもよいから、失業を霧散させてくれそうな魔法のような政策を掲げた候補者たちが支持を広げ、選挙で票を伸ばしていきました。ヒトラーたちナチはそれに見事に成功しました。このように「夢を売る」選挙・政治手法は、「偉大な国家を再び！」と訴え、矛盾を突かれれば「ポスト真実だ」と開き直る当世大流行の政治のやり方をふと連想させます。

「嘘をつくなら大きな嘘をつけ」

ヒトラーの著書『わが闘争』の中の言葉として有名です。失業者が溢れ、生活も苦しく、さまざまな社会不安、医療不安が増す中で、政権を握ろうとする者は、大衆に一番わかりやすい理由と目標を掲げます。ナチの収容所から生還したユダヤ系オランダ人アービン・ファン・ヘルダーさんはベルゲン・ベルゼン収容所でナチの看守に、

「お前らのせいでわれわれは貧しい暮らしを強いられた。今度は少しでもお前らが償《つぐな》う番だ。せいぜい働いて俺たちを豊かにさせるのだ」

と、どやされ蹴《け》られ、過酷な労働を強制されたと回想しています。この看守の言葉が先に述べた大衆説得の結果を何よりも如実《にょじつ》に語っています。北大西洋条約機構（NATO）の基本ドクトリンをつくったベルギー元首相のハルメル（仏語読みではアルメル）氏に第二次大戦勃発の原因を尋ねると、

「大戦には私も兵隊として参加させられた。気をつけなければならないのは、ヒトラーのナチは合法的な選挙手続きを経て政権を握ったことだ」

と諭《さと》されました。民主主義はとても危険な一面を秘めているということでしょう。一人一票というのは、一見、公平な仕組みのようです。でも、候補者たちの意見に真剣に耳を傾け、よく勉強して支持政党・候補を決める人も、「移民、難民が職を奪っている！」と、外国人排斥《はいせき》を訴える政党・候補のツイッターやポスター写真だけを見て、気軽に投票する人も、同

じ一票です。この欠陥が顕著《けんちょ》に現れたのがヒトラー政権の誕生でした。こうした民主主義の秘める危険性は現在も少しも衰えていないのではないでしょうか。むしろグローバル時代、そして情報技術(IT)時代となってソーシャルメディアがテレビを凌《しの》ぐ勢いをもつようになり、瞬時に不特定多数の人々がつながる今はもっと危ういかもしれません。

さて、一般のドイツ人市民たちはユダヤ人虐殺の真実を知っていたのでしょうか。普通には知らされていなかったと信じられているようです。しかし貴重な打ち明け話を耳にしました。とても人間味のある年配のドイツの外交官だったのですが、一九八〇年代後半、知り合って数年後、しんみりと語ったのです。

「われわれはうすうす何が行われているか気づいていました。ある時、両親が声を潜め『こんな恐ろしいことがこのまま許されるべきではない』と、私に言ったのを子供心によく覚えています」

◆アムステルダムのアンネ――幸せな日々

アンネは一九三四年三月、アムステルダムに到着しました。五歳未満でした。ヒトラー政権が三三年一月末に誕生し、半年後、ナチが単独政党、つまり独裁体制になるのと歩みを合わせ、フランクフルトをはじめドイツ各地でナチの突撃隊（ＳＡ）員たちがユダヤ人迫害の行動を始めていました。アンネの両親は険悪な情勢が深刻化する中、移住を決意し、父は三三年六月に一足先にアムステルダムへ発ちました。会社の設立準備と一家の住む家探しのためです。アンネは母エディットに連れられ、姉マルゴーと一緒にひとまずベルギー国境沿いのドイツの町アーヘンに住む母方のおばあちゃんのもとに身を寄せました。三三年暮れ、エディットとマルゴーはアンネを残しアムステルダムへ出発しました。

アンネはアムステルダム到着以来、四〇年五月十日のドイツ軍のオランダ侵攻まで、伸び伸びと成長していきました。幼稚園の後、自由教育を重んじるモンテソーリ小学校に入学します。この学校は戦後、アンネ・フランクの名を冠して存続しています。各国にある、この学校の教育方針はとてもユニークで、子供一人ひとりの特性を伸ばすのを重視し、授業中に私語を交わす生徒にもやかましいことをいわなかったようです。もっともアンネはすごくお喋《しゃべ》りで、見かねた先生に注意されたようですが。では「隠れ家」にナチの追手から逃れ身を隠す前、アンネはどんな環境に暮らしていたのでしょう。三度目、アムステルダムを訪れました。

アムステルダムの町は、大小の堀の間に旧市街がある、と表現したほうが良いくらい堀が至る所に巡っています。この古びた赤レンガの民家が堀の両岸に犇《ひし》めき合う町の中で、アンネは、きっと今とあまり変わらぬ景色を眺めて暮らしたはずです。そこで、アンネの足跡は、できるだけ市電や徒歩で訪ねることにしました。

『アンネの日記』には通りや広場、そして店の名がいくつか登場します。例えば隠れ家に潜行した直後の一九四二年八月十四日金曜日付の日記にはメルウェーデ広場(Merwede-plein)に住んでいたと書いています。

〈そうだ、まずアンネがどんな所に住んでいたか見ることにしよう〉

地図でこの広場を探すと、なんとホテル・オークラ・アムステルダムのすぐ近くでした。オークラは市の中心から南東方面、旧市街の外郭に位置します。まずオークラに市電で行き、そこから歩くことにしました。橋を渡り、チャーチルという名の幅広い電車通りを左へ。しばらく歩き右折するとワール通りで、その百メートルほど先がメルウェーデ広場でした。

オークラから約十分間です。道を尋ねた学生風の男性は、

「高級住宅街ということはないけど、貧しい人の住む地域でもありません。へぇー、アンネ・フランクがこの近所に住んでいたの。そう言えばユダヤ人が結構住んでいますね」

と言いました。

アムステルダムの歴史通によると、戦前はこのあたりはまだ新開地でドイツなどから逃げてきたユダヤ人の中で、比較的に経済的余裕のある人たちがメルウェーデ広場の界隈《かいわい》に住み、経済的に恵まれない人々が旧市街の中心部に近いニーウマルクト界隈に住んだそうです。難民として着の身着のままドイツ方面から逃げてきたユダヤ人たちは、ナチ占領時代に中継収容所になる北東部の辺鄙《へんぴ》なウェスターボルクに急造した難民施設に留置されたということです。

歩道でメルウェーデ広場の写真を撮ろうとカメラのシャッターを切った瞬間、黒装束で頭の天辺に皿のような帽子を載せた男性が前を横切りました。これはユダヤ人の服装で、皿のような帽子はキッパーと呼ばれます。男性は背後の民家に入っていくところでした。連れの子供の頭の上にも小さなキッパーが載っています。

「『アンネの家』をご存じありませんか」

と尋ねると、「あの一角」、と寸刻も惜しむように広場の反対側を指差しました。そして玄関の鍵をそそくさと開け、子供の手を引っ張りこむようにして中に入ってしまいました。

メルウェーデ広場は、ワール通りを底辺に見立てると、奥へ細長い二等辺三角形状をしています。二等辺三角形の広場の右辺、左辺を同じ高さのレンガ造りの古びたアパート棟がぐるりと取り囲んでいました。先ほどの不愛想な子連れユダヤ人男性はその右辺の先の方にアンネの住んだアパートがある、と指差したのでした。

広場の縁に沿って奥へ歩き始めると、一九三〇年代にアンネが友達と遊んでいた様子を写した写真と情景はほとんど変わっていません。広場の背後に十階建てくらいの建物がニョッキリと首を出しています。この背高《せいたか》ビルもアンネの住んでいた当時の写真に写っています。

ワール通りから広場の奥へ歩いていくとアンネの遊んだ砂場がそのまま残っていて、七、八歳の女の子たちが遊んでいました。ちょうど、ドイツから逃げてきて数年後、一九三〇年代後半のアンネの年頃です。まるで目の前に当時のアンネと学友たちの姿が蘇ってくるよう

な錯覚を覚えました。思わず、

「アンネのアパートを知らない？」

と訊くと、

「あそこよ」

「あの窓よ」

と一斉に競い合って、ヒバリが囀《さえず》るような賑やかさで、アパートの一角を得意になって教えてくれました。その瞬間、ナチの収容所からの生還者エバ・シュロスさんの話を思い出しました。エバさんには、それよりしばらく前、英国である会議を取材後、ロンドン市内から黒塗りの箱型タクシーに乗ってテームズ川を渡り、郊外の自宅まで会いに行ったのでした。

一九九〇年代初めの夏のことで、緑に包まれた近郊の町の、ファミリー・ドラマに出てくるような一軒家で迎えてくれたのは穏やかな初老の女性でした。エバさんは、メルウェーデ広場のアンネとは反対側、つまり〝二等辺三角形〟の左辺のアパート棟に住んでいました。

エバさん一家もユダヤ人で、アンネの一家よりずっと遅れ、ナチの圧迫がいよいよ強まるオーストリアからベルギー経由で一九四〇年初めにこの広場に移ってきたのでした。広場の砂場でよく遊んだそうで、アンネとも顔見知りでした。移って間もない頃、アンネと初めて言葉を交わすと、エバさんがオランダ語をあまり話せないのに気づいたアンネは「パパはドイツ語が上手よ」と、オットーに紹介してくれたのだそうです。母親エディットは、アンネがこうやって連れてくる友達たちに台所でレモネードをふるまってくれた、とエバさんは思わず微笑みました。彼女はアンネとほぼ同い年なのだそうです。

「でも、私は砂遊びやら子供っぽい遊びに夢中になっていまして、アンネはというと私たちの背後のアパートの出入口の階段に腰を下ろし、友達と男の子の噂などをし、クスクス笑う声が聞こえてきました。アンネは当時、私よりずっと大人でした」

と懐かしそうに回想しました。エバさんの一家も地下に潜行しました。でもナチに発見され、アウシュビッツへ送られ、母親とエバさんだけが生還しました。そのことは後でお話しします。

子供たちが競って教えてくれたアンネの元アパートにだけ明るい照明が灯っていました。周囲が次第に薄暗くなりかけていたので、そのアパートの内部が舞台のように夕闇迫る風景の中にほのぼのと浮かび上がっていました。アパート内部の天井や背の高いランプまではっきりと見えました。

〈誰が住んでいるのだろう……〉

アンネはこのアパートで一九三四年三月から隠れ家へ逃げ出す四二年七月六日早朝まで、つまり四歳後半から十三歳の誕生日直後までの七年あまりの月日を過ごしたのでした。砂場の少女たちを母親が迎えに来ました。ガキ大将格とみられる女の子が、

「このおじさんに、アンネのアパートを教えてあげたのよ」

と得意そうに報告すると、母親は、

「このあたりには、ナチ占領中、ずいぶんたくさんのユダヤ人が隠れていて、ゲシュタポがしらみ潰しに捜索し連行したそうです」

と教えてくれました。

「実は、私の家でも何かの修理で壁の隙間を開けたら、人が隠れていた形跡が発見されました。押し潰されそうに狭い空間ですよ。よく人が入っていたと驚きました。その人が書いた物もそのまま残されていましたね」

こう言って、羊を追い立てるように子供たちを引き立て、立ち去りました。書いた物がそ

のまま残っていたということは、おそらくナチに連れ去られたに違いありません。名も知れぬ多くのアンネが存在し、抹殺《まっさつ》されたということです。

ドイツ軍による占領は一九四〇年五月に始まりました。アンネはその二年後、一九四二年六月十二日に十三歳の誕生日を迎えました。そして二日後の日曜にメルウェーデ広場の自宅で友達に囲まれ有頂天で誕生パーティーを開きました。贈り物の中に赤と白のチェック模様の可愛らしいサイン帳がありました。これが後に世界に知られる日記になるとは贈った両親も本人自身も夢にも思わなかったでしょう。

ドイツ占領下のユダヤ人への締めつけは日を追って厳しくなり、強制連行も目立って増えていました。でもアンネは日記の最初の部分、つまり潜行前の一カ月足らずの期間ですが、屈託《くったく》のない少女らしい生活を描いています。四二年六月二十日付で、近所のアイスクリーム屋オアーゼ（英語ではオアシス）へ行くと、男の子やおじさんたちがいつもおごってくれると書いています。これが潜行の直前です。

メルウェーデ広場を起点に、アンネが日記に記したオアーゼを歩いて探してみました。すると二、三百メートルほど離れたところになんと健在でした。オアーゼと大書したアイスクリームの立て看板が歩道に出ていました。中に入ると、屋台を少し高級にした程度の揚げ物屋を兼ねた店でした。オランダのどの街角にもある、スナックなどと俗称される店です。店内は揚げ油の匂いに包まれていました。アンネがオアーゼに出入りしたのは十三歳の誕生日直後までです。それより二、三歳年上と思われる少女が二人、止まり木に腰掛け、アイスクリームを舐めながらお喋りに夢中でした。色の浅黒い若い店員二人と、彼女たちを撮影しようとカメラを構えると、

「ピンナップ写真にするのか」

とちょっと筆にしがたい猥雑な仕草をしながら、すっとんきょうな笑い声を上げました。

〈アンネはこんな下卑た店に出入りしていたのか〉

と、思わず時代の移り変わりも忘れ腹が立ちました。気を取り直し、オアーゼの店長とおぼしき男性に尋ねると、

「そうだよ。ここが正真正銘お客さんの探しているオアーゼだ」

と誇らしげに胸を張り、こう付け加えました。

「だけどドイツ軍侵攻当時から何回も店のオーナーは代わったからね。通算したら自分は六十代目ぐらいかな。時々お客さんのような物好きが見学に来るよ。俺はアンネとはまったく関係ない。トルコ人なんだ」

いずれにせよナチ占領下でもアンネは、この目の前の女の子たちのように男の子の噂やスターの話に夢中になる、ちょっとおませな普通の少女だったのです。

そのアンネの世界が一九四二年七月にすっかり変わります。

第4章◆ドイツ軍が侵攻

進駐するドイツ軍を見守るアムステルダム市民
© オランダ国立戦争記録研究所

◆ドイツ軍がやって来た

ドイツ軍は一九四〇年五月十日、オランダに侵攻し、瞬く間に占領しました。五月十日付オランダ日刊紙アルヘメーン・ハンデルスブラットは一面ぶち抜きで開戦を報じています。

「ネーデルランド（注・オランダ）、ドイツと戦争へ」（大見出し）
「ドイツ、ベルギーへも侵攻。連合国、支援要請にあらゆる援助を約束」（小見出し）
「わが軍、アイセル、マース両河川方面で激しく抗戦中」（トップ記事）

一面右肩のウィルヘルミナ女王陛下の告示は、こう述べています。
「わが国民よ、わが国は過去数カ月間、中立の維持に努めた。昨晩、ドイツは無警告でわが領土に侵攻した。これは中立を守る限り攻撃しないとの約束をドイツが破ったものだ。われわれは、われわれの義務を尽くす。あなた方もそうするよう。士気を確かに保ちなさい」

アンネはこの日をどんな気持ちで過ごしたのでしょう。アンネの父親の会社の事務員だったミップ・ギースの記憶がその手掛かりになりそうです。ミップは深い眠りの中で低音の唸り声のような音を聞いたといいます。一九四〇年五月十日未明のことでした。しばらくするとはるか遠方で雷鳴が轟《とどろ》いたが気にも止めず眠っていました。妹にたたき起こされ、やっと事の重大性を悟りました。急いで階下に降りていくとすでに皆、ラジオの周りに集まっていました。

ニュースは大混乱でした。本当にドイツ軍が侵攻してきたのか――。多くの人が半信半疑で、狼狽《うろた》えて道に飛び出たり、屋根に上ったりして確かめようとしました。ミップが「飛行機は西方へ飛んでいった」というのは、独軍がアムステルダム西方の北海沿いの戦略地点アイムインデン港を空襲したのと一致します。スキポール空港方面でも爆発音がしました。ミップの実家とアンネの住んでいたメルウェーデ広場はそれほど離れていなかったから、アンネも同じように恐怖と不安に包まれながら朝を迎えたことでしょう。ミップの回想です。

「ラジオでウィルヘルミナ女王がドイツ軍侵攻とオランダ軍の反撃を厳かな力強い響きを

もって告げました。誰もどうしてよいかわからず、とりあえずいつものように職場に向かったのです」

ミップが出社するとオットー・フランクは顔面蒼白《そうはく》でした。それはそうでしょう。家族の安全を願い、考え抜いた挙句、ドイツから逃亡したオランダが、今やドイツ軍侵攻の真っ只中にあるのです。社員は終日ラジオを取り囲んで、仕事などまったく手に付きませんでした。アンネが登校すると生徒は大講堂に全員集められ、校長に、オランダは戦争中なので当分の間、休校にすると告げられ、家に帰り待機するよう言い渡されました。数日後のオランダ降参に伴い、学校は再開されますが、アンネもさぞかし落ち着かない気分だったことでしょう。

四日間の混乱の果て、女王をはじめ王室一家が首相・閣僚を伴いロッテルダム近郊の空港から空路英国に亡命したニュースが流れると失望が国中に広がりました。因みに同様にナチ・ドイツ軍に占領されたベルギーでは、王様は逃げないで国内の離宮に幽閉され終戦を迎えました。戦後、この亡命しなかった国王に対し結果的に対独協力したと国内で非難が高まり、退位に追い込まれます。逃げようか、踏みとどまろうか――。その判断がまさに女王、国王の命運を決した岐路《きろ》でした。欧州最大級の港湾都市ロッテルダムが最後通告前に空襲され、オランダは五月十四日、降伏します。

アウシュビッツからの生還者ルイ・デ・ウェイゼさんはドイツ国境に近いオランダのナイメーヘン市で、ドイツ軍侵攻を目撃しました。ルイさんの回想を書き留めます。

「ナイメーヘンはドイツ国境から八キロくらいのところにある。一九四〇年五月十日の朝早く、ドイツ軍を目撃した。飛行機が約百機飛んでいった。最初、われわれは英国本土の空襲に行くのだと思った。だがそうじゃなかった。空挺団《くうていだん》用の作戦機も爆撃機も飛んでいった。侵攻には完璧に驚いた」

ナイメーヘンの北東のドイツ国境沿いの町ドッティンケムに、すでにご紹介したナチ収容所からの生還者アービン・ファン・ヘルダーさん夫妻を一九九〇年代半ばに訪ねました。オランダで指折りといわれるファッション店を代々経営してきたのですが、不幸にも跡継ぎの子息を交通事故で失い、経営の第一線から身を引いたところでした。ドッティンケムの小さな鉄道の駅前からタクシーに乗り、町外れの緑の多い住宅地区の邸まで十分足らずだったでしょうか。ファン・ヘルダーさんは小柄で物腰の柔らかい紳士で、夫人はどんぐりのようにくっきりとした目のなかなか魅力的な女性で、とても穏やかな年配の夫婦でした。応接間に案内すると、ご主人は大戦開始当時の様子を落ち着いた口調で話し始めました。

「祖母の代からドッティンケムでファッション店を営んでいますが、一九三九年までは幸せで静かな暮らしでした。苦しみが始まったのは三九年からで、私は十四歳でした。叔父のイワン・ヤコブはヘーレンブルグ付近のドイツ国境で、高齢のドイツ在住ユダヤ人のオランダ越境を助けていました。それがオランダの警察に発見され、叔父は国境地帯四十キロ以内への立ち入りを禁止され、ユトレヒトへ移らされたのです。私の家は四〇年五月初め、アルネムの新居に引っ越す予定で、父母はすでにアルネムのパックス・ホテルに仮住まいしていました。妹のソニアと私はドッティンケムに残っていました。運命の五月十日は、妹は祖父の家で、私は町中央の広場の叔父ヤコブの家でそれぞれ眠っていました」

――侵攻はどんなふうに始まったのですか。

「十日の午前四時頃だったでしょうか。旧アイセル川の橋が雷のような轟音《ごうおん》とともに爆破されました。驚いて広場の石畳に飛び出すと、ドイツ軍用機が大空を埋め尽くし西方へ飛んでいく最中でした。午前十時に、ドイツ軍が続けざまにドッティンケムに行進して入ってきて目の前の広場で停止しました。料理をし始め、コーヒーを沸かし、兵士たちは休憩を終えるとアイセル川沿いにドウスブルグ方面へ出発していきました。ドッティンケムの地方では発砲は皆無でした。至る所にオランダ語とドイツ語で『国防軍（WEHRMACHT）』と貼り出されました。オランダの降伏後、ソニアと私は自転車で両親のいるアルネムへ向かいました。ドウスブルグにたどり着き、小舟でアイセル川を渡ったのです。この後、私はダルウェッグにある学校で中等教育を受け続けることになりました」

一九九〇年代半ば、アムステルダムでルイさんの友人のユダヤ人ウェルナー・レーウェンハルト氏はこんな回想を語ってくれました。

「一九三三年ヒトラーの天下になり不幸が始まった。われわれ一家はドイツのドルトムントに住んでいた。親父は当時三十五歳で精肉店を経営していた。私のギムナジウム（中等学校）に新任教師が茶色のＳＡ（ナチの突撃隊）の服装で現れたのを覚えている。やがて近所の炭鉱技師の息子がドクロマークが入った黒ずくめのＳＳ（ナチの親衛隊）の服で闊歩《かっぽ》するのを

見て、

〈ああ、これでもう将来はない。これまでだ〉

と悟った。私はお袋の出身国オランダへ単身移住を決めた。両親は『そんな馬鹿げたことはやめろ』と止めた。結局、私はデザイナーを志望しオランダ東部、ドイツ国境に近いエンスケデ近郊に移った。母方の親戚がこの地方にいたのだよ。一九三五年だったかな。移った当時、周囲のオランダ人たちにナチの連中による共産主義者攻撃など恐ろしい様子を話し警告したが、誰も耳を貸そうとしなかった。

一九四〇年五月の侵攻だが、ドイツ軍はエンスケデの北方と南方を通って進撃していった。五月十一日になって戦車がエンスケデにもやって来た。ドイツ軍にはナイメーヘンとか、要するにフランスへの道筋がもっと重要だったんだね」

――侵攻に驚きましたか。市民の反応は?

「私は驚かなかった。国境までわずか三マイル程度だからエンスケデの住民とドイツ人は互いに親近感がある。これはフェンローやマーストリヒトなどオランダ南部も同じで、これらの地域の第二言語はドイツ語だ。それでわれわれはさほど驚かなかった。それほど反独ではなかったし、ヒトラーの別の面を知らなかったのだよ」

激しい攻撃を受けた場所もありました。一九四〇年五月十四日、市街地中心の大半を破壊し尽くされたロッテルダム空襲は有名で、一九九五年五月にドイツの当時のコール首相が同市を公式訪問し謝罪したにもかかわらず、オランダ人のドイツへの根強い怒りの一つとして残っているようです。この大空襲を体験したロッテルダムの老鉄道員の証言です。

「空襲の日は早朝、港湾に荷役作業に出ていた。何度も爆弾の凄まじい炸裂音《さくれつおん》が轟いた」

現在、ロッテルダム中央駅から表玄関に出ると、街の中心がぽっかりと新開地のように新しく、空襲の凄まじさを物語っています。十四日のロッテルダム空襲では約八百から九百人の死者が出たといわれますが、当初は情報が混乱し数万人が死んだとさえ報道されました。

◆ナチ・ドイツ占領下――地獄の足音が近づいてくる

僕はナチ占領直後にユダヤ人は一斉に収容所へ移送されたと思い込んでいました。アンネの一家はその追っ手を逃れ、隠れ家へこもったと考えていたのです。ところが実際にはもっとじわじわと、巧妙にしかも時間をかけてユダヤ人狩りの準備が進められたのでした。

それからもう一つ、これは占領下の状態では避けがたいことなのかもしれませんが、ナチ・ドイツの占領支配に従順だったオランダ人が少なくありませんでした。もちろんミップ・ギースをはじめとして自分たちの命の危険を覚悟してユダヤ人を守った人々もいたし、ユダヤ人に黄色い星のマークを胸につけるようナチが命令したとき、最初のうちはかなりのオランダ人市民が同じ星のマークを胸につけ外出し抗議を表しました。レジスタンス活動もありました。でも例えば、多くのオランダ人警官はユダヤ人狩りに積極的に協力したのです。

アンネの暮らすアムステルダムを中心に、実際のユダヤ人迫害がどう進められたかを史料や体験者の人々の証言で追ってみましょう。アービン・ファン・ヘルダーさんの回想に戻ります。

「ドイツによる反ユダヤの措置《そち》が針を進めるようにつぎつぎに厳しくなっていきました。公共施設への立ち入りが禁止され、交通機関にも乗れなくなり、レストランやホテルの窓には『ユダヤ人入場禁止』が掲げられました。ユダヤ人以外との接触も禁じられ、買い物も午後三時から五時のわずか二時間に制限されたのです。私たちは世間から蔑《さげす》まれ、ひどい屈辱を味わいました。こうした措置は決まって安息日（注・土曜日。ユダヤ教の聖なる日）かユダヤの祭日を選んで発表されたのです。

ラジオでは毎日、ドイツ軍勝利のプロパガンダ（思想や主義の宣伝）放送が流れました。ユダヤ人は午後八時から午前六時まで外出禁止になりました。そしてナチのユダヤ人狩りの急襲はほとんどの場合、夜間に行われたのです。夜になると窓をたたく微《かす》かな風の音にもビクリとしたものです。アルネム市にもユダヤ人学校が特設されましたが、ナチの連行のための急襲がある度に生徒や先生の数が減って、教室に空席が増えていきました。道ではオランダ人市民が、『まだユダヤ人が歩いているぞ。まだ残っているぞ』といったふうにジロジロと私たちを見遣りました」

ナチ収容所から生還し戦後ナイメーヘン市郊外に暮らしたルイ・デ・ウェイゼさんの話に移ります。

「占領後直ちにドイツによる管理が始まった。ドイツ当局の国家弁務官の名はザイス・インクヴァルトだった。ヒトラーの任命したオランダ統治の総督だ。彼の下であらゆる法律が改定された。ユダヤ人の行動範囲はことごとく狭められていった。映画館は禁止。劇場も禁止。公園入口にも『ユダヤ人立ち入り禁止』の看板が立ち、どんどん権利が削られた。ラジオも自転車も供出させられた。われわれはナチのやり方を『サラミ戦術』と呼んでいた。一切れ、一切れ、サラミを輪切りするようにユダヤ人の生活を不可能な方へ追い詰めていったのだ。

一九四一年に黄色い星『ダビデの星』をつけさせられた。鉄道にも乗車禁止となり午後八時から午前八時(注・午前六時の記憶違いか)まで外出が禁止された。そしてとうとうオランダからユダヤ人移送が始まった。すでにオランダ国内にある、いわゆる労働キャンプへの移送は始まっていた。大量移送前に、アムステルダムなどの相当数のユダヤ人たちがドイツやポーランドの強制収容所へ直接送られた。

一九四二年一月に(ベルリン郊外で)ワンセー会議が開かれた。ここでユダヤ人問題の最終的解決、つまり西ヨーロッパにいるすべてのユダヤ人を殺すべしという決定が下された。すでにポーランドではこれより前に占領後直ちに、ひどく残忍な方法でユダヤ人を全滅させていた」

――連行はいつだったのか。

「一九四二年の十月二日の夜だった。ナチに協力する二人のオランダ人警官がわれわれを連行するため訪れた。当時はナイメーヘン市内に住んでいた。姉は結婚したばかりで偶然、夫の両親の家へ出かけていた。父母と妹、それに一九四〇年にドイツから里子に迎えた十歳の女の子、それに私が家にいた。皆、名前入りのリュックサックをすでに用意していた。冬用の暖かい着物もナイフもフォークもスプーンもジュースもそろえていた。これはアムステルダム・ユダヤ評議会の指示があったからだ」

――ユダヤ評議会とはどんな組織なのか。

「ナチ協力者とまでは言わないがあらゆるユダヤ人移送の組織化や、移送の円滑化に大いに貢献したのは確かだ。だが、評議会の連中は、ドイツ人を手助けするのが目的だったとは思わない。当時、評議会の連中がよかれと考えてしたことが戦後になって厳しく非難されているのだ。ベルギーの場合はね、こうした仕組みを利用したドイツによる民生管理は行われず、ドイツ軍が直接、占領支配した。その結果、ベルギーから移送されたユダヤ人の比率は、オランダの場合よりずっと低かった。これはベルギーに民間人の占領体制がつくられず、ドイツ軍だけではすみずみまでユダヤ人狩りができなかったからだ。オランダでは民生の行政組織が占領者であるドイツのために働いた。ベルギーではドイツ軍人がベルギー人に直接命令を下した。これは大変な違いだよ。オランダのような占領体制を敷いた国では、ドイツ軍人による直接の占領より、ドイツにとってはるかに思い通りに事が運んだのだ。民間人自身がなによりもユダヤ人問題に関心をもっていたからね」

――オランダ警察はどの程度ナチに協力したのか。

「ドイツの命令にとことん抵抗したり、拒んだ者は非常に少なかった。ほとんどの警官は無抵抗にドイツの命令に従うか、ナチを支持した。オランダのナチ政党・国家社会党(NSB)の党員だった者もいた。仮にオランダ人警官が百人いたとすると十から十五人が最悪で、七十五人が中立的にドイツの命令を実行し、残りの十から十五人が抵抗したり、地下運動や破壊工作に参加した」

――連行後どうなったのか。

「十月二日に連行され、翌日オランダ北端のウェスターボルク収容所に着いた。寒かった。でもこれはほんの序の口だったよ。収容所には同じ日に一万七千人のユダヤ人が運ばれてきた。高齢者も、若いのも、子供も、赤ん坊も病人も一緒で、ほとんど隙間もないほどだった。とてつもない混乱状態だった。

実はね、ウェスターボルクはドイツ侵攻前からヒトラーの政権になったドイツから逃げてきたユダヤ人の収容所になっていたのだ。だからわれわれが運び込まれた時には収容所にはすでに数百人のこうした気の毒な人々が押し込められていた。ドイツから逃げてきたユダヤ人難民に対して、オランダ政府はまったくひどい受け入れ方をした。当時のオランダ政府のした仕打ちと言ったら……。厳しく非難されるべきだ。今日のオランダ政府の難民に対する暖かいもてなし政策に比べたら天国と地獄だよ」

一九四二年が明けると、オランダでもいよいよユダヤ人移送が始まります。まず最初に対象になったのは、どうやらこうした貧しいグループだったようです。

この年の一月十七日、アムステルダムから無国籍、つまり難民ユダヤ人九十八人のウェスターボルク収容所への移送が初期の移送記録として残っています。アンネの一家はこの数日後の一月二十日、アムステルダムのユダヤ評議会移民課に英国移住を申請しました。戻ってきた回答は「審査無期延期」、つまり事実上の拒否でした。アンネの両親はいよいよ危険が迫ったのをひしひしと感じていました。

◆「ユダヤ人はすべて抹殺すべし」

ところでルイさんは「ワンセー会議」と言いました。ワンセーはベルリンの外れにある湖畔の保養・高級住宅地です。ここにある親衛隊所属の邸宅で、十五人のナチ政府幹部が一九四二年一月二十日、極秘で行った会議のことです。

ここで「ユダヤ人問題の最終的解決」、つまり西ヨーロッパのユダヤ人絶滅の実行計画が固まったのでした。正確には、この会議で「ユダヤ人絶滅計画」が決まったわけでなく、実際にはナチ政府の関係各省庁高級事務レベルで「絶滅」のための具体的な段取りを決めただけで、最高意思決定はすでにヒトラーまたは側近で、親衛隊や秘密警察ゲシュタポを統率したヒムラーのレベルで下されていたということのようです。

九〇年代後半のある夏、ワンセー会議の開かれた邸宅を訪ねました。ベルリン市内から電車でさほど遠くない、最寄りの鄙《ひな》びたワンセー駅で降り、駅前からバスで、確か二十分ほどで閑静な地区に湖水を背後に控えて佇む邸宅に着きました。邸は手入れの行き届いた庭に囲まれています。石造りの建物は、歴史的な記念館として保存され、内部も見学できました。しんとした、威風のある、飾り気のない部屋から部屋を巡るうち、半世紀あまり前の真冬、ナチ政府高官たちが交わした言葉の響きや張り詰めた空気がまるで今もそこに澱《よど》んでいるような重苦しい雰囲気を感じました。

＊ワンセー会議を行った邸宅の住所は、Am Großen Wannsee 56–58 Berlin。
＊「極秘」と記されたワンセー会議の議事録の英訳 The Minutes from the Wannsee Conference はネットで閲覧と入手が可能。

ルイ・デ・ウェイゼさんの話を裏付け、同時に補足する貴重な証言を、思いがけず非常に親しい知人から得ました。つい最近――それは二〇一七年のことですが、プライバシーに触れるのでその知人をKさんとしましょう。

Kさんは僕がブリュッセルに住み始めて間もなく知り合った人物で彼の父親はポーランドからベルギーへ移ってきたユダヤ人、母親はベルギー人。十八歳の頃、朝鮮戦争にベルギーの志願兵となり、国連軍の一員として参戦しました。帰還し、報奨にベルギー国籍を取得したという苦労人です。現在、八十三歳で日本流にいえば「後期高齢者」なのですが隠居など案にもない。今も小さな会社を経営し、アジア諸国まで出張旅行にエコノミークラスで出かける現役のビジネスマンなのです。実に行動的なKさんですが、最近、奥さんが大病を患い、一緒に病院にお見舞いに行った帰り、食堂で晩御飯を食べているうち、珍しく気弱になったせいか、初めて第二次大戦当時の思い出を語り出しました。照明の暗い中華料理屋で豆腐鍋や肉鍋をつつきながら、

「戦争が始まった時、俺は確か六歳だった。怖かったかって？　いや、怖いとか、酷いとかいうのとはちょっと違う感覚だ。その時代に居合わせなかった人には想像は難しいだろうが、戦争や占領下の真っ只中に置かれるというのは、実に不思議な感じなんだ。特に、子供はまだ比べる尺度も経験もないからね。だから置かれた状況の中で、こんなものだと暮らし

ていた。実は親父はベルギー国内のナチの収容所に連行されかけたのだ。でもなんとか、占領が終わるまでじっと家の中に身を潜めていた。来る日も来る日も、終日、居間で同じクラシックレコードを繰り返し聴いている姿を思い出すよ。時間つぶしをしていたのだね。外には一切出られない。ゲシュタポが何度も親父が自宅にいないか確かめに来たが、お袋が玄関で応対し、連中は諦めて去っていった。お袋は呼び鈴が鳴る度に、俺に『お前は裏庭で遊んでおいで。出てきちゃだめだよ』と命じた。外出できず不満が鬱積《うっせき》した親父がお袋と毎日、罵《のの》り合ってばかりいた……」

「罵り合ってばかりいた……」と口にした時、Kさんの声はいつになく、か細く消えゆくようでうつむき加減になってしまい、あぁ、七十年以上経った今も深い心の傷になっているのだなぁ……と、それ以上、思い出の続きを促《うなが》すのはやめました。

あと一つ。ルイ・デ・ウェイゼさんはアムステルダムのユダヤ評議会について慎重な表現に徹し、非難を控えています。でも各種の本や説明によれば実際の状況はもっと不透明でした。つまり、ナチ占領体制下で任命されたユダヤ評議会幹部たちの親族や縁故者は、強制収容所移送リストから外されたり、順番が後回しになったらしい……。アンネたちオランダ国内の大半のユダヤ人は、基本的に評議会の作成したリストに基づき組織的に強制移送され、多くが命を失いました。大戦後に評議会のユダヤ人幹部たちが激しく批判されたという事実は、少なくとも彼らがオランダで身を隠すこともなく終戦を迎えたことを意味しています。

実はアムステルダムに置かれたユダヤ評議会と同様な組織がドイツなど他の国にもつくられ、やはりナチのユダヤ人狩りを組織的に進めるのに重要な役割を果たしたようです。ベルギーではこのような役割を担うユダヤ評議会が機能しませんでした。その理由はベルギーが複数民族で言語もフランス語、オランダ語、ドイツ語に分かれ、とかく意思統一が至難なお国柄のせいだったのか……。それとも統率しにくい風土自体が、何世紀も占領され続けたベルギー人の抵抗の知恵なのか——。いずれにせよ、この不徹底さもあり、二万四千人以上のユダヤ人が移送され命を失う一方で、Kさんと彼の父親や、第1章の、僧院にかくまわれたフリーダさんなどは強制収容所移送で命を失う災禍から逃れ得ました。

第5章 ◆ 不安と希望の隠れ家の日々

隠れ家の窓　© ullstein bild／時事通信フォト

◆未来を夢見た、聡明なアンネ

「『アンネの日記』は十代前半の少女が書けるはずはない。意図的に大人が書いたのだ——」

まことしやかな日記の偽作《ぎさく》説が、特に一九七〇年代後半に入ると執拗《しつよう》に繰り返し流されるようになりました。これに対し八〇年代にアンネの書いた日記や絵葉書の文字の筆跡鑑定など専門家による徹底的な科学的実証研究がオランダ国立戦争記録研究所を中心に行われました。

アンネの手によることが立証されたのですが、この結果は筆跡を拡大した比較写真まで入れて論文の形にまとめられ、これに「日記」の三定本——①アンネの手書きオリジナル、②アンネ自身による推敲《すいこう》・加筆によるテキスト、③父オットーが戦後、タイプ打ちする過程で、プライベート過ぎる等の理由で一部削除したテキスト——を比較対照したものと合わせて分厚い一巻本で公刊されました。オリジナル版(オランダ語)は一九八六年に、英訳版は一九八九年に出版されました(日本でも『アンネの日記 研究版』のタイトルで訳出されているようです)。

英訳版が出て間もない一九九〇年二月六日にこの大仕事に携わったアムステルダムのオランダ国立戦争記録研究所のデーヴィッド・バルナウ博士を訪ねました。博士は四十歳前後、分厚い眼鏡をかけた、いかにも学者然とした温厚な印象の人物でした。

「私はもともと『アンネの日記』には無縁だったのです。『日記』はオランダではどちらかといえば女の子の読み物と位置付けられていたのでことさらに関心をもって読んだことはなかった。

しかし、アンネの父オットー・フランク氏が亡くなり(注・一九八〇年八月十九日没)、遺言で日記の原本が、記録研究所に納められたのがきっかけになりました。偽作だというプロパガンダが流され、それに対して同研究所は彼女が書いたものであることをきちんと立証する作業に取りかかったのです。

調査のため日記をじっくり読んでみると、アンネが精神的に著しく成長していくのに目を見張りました。お気づきと思うが初めの頃は友達のことやら遊びのことを中心に綴っていたでしょう? それが次第に深い、内省的な内容へと変化していきましたね」

『アンネの日記』を読むと、占領下の、日増しに険悪化するユダヤ人迫害の中で、学校も強制的にユダヤ人だけの学校へ移されたりしても、子供らしい暮らしぶりがわかります。

一九四二年六月十二日の誕生日から、そのわずか一カ月足らず後に隠れ家に逃げるまでの短期間の部分だけ読んでも、待ち構えていた男生徒と登校する様子、アイスクリーム屋に行く話、誕生パーティーに集まった学友たちとの「名犬リンチンチン」の家庭用映画鑑賞……。ユダヤ人には外出時に黒地に大きな黄色い星を左胸に着用することが義務付けられたのをはじめ、日増しに行動制限が強まる中、日記には、彼女の溌溂《はつらつ》とした暮らしぶりが生き生きと描かれています。けれども恐ろしいことが、じわりじわりと真綿で首を絞めるように起こっていました。

◆アンネ一家の逃亡を支えたミップ・ギースとの対話

〈ミップ・ギースとの約束にどうか間に合いますように〉

中古ベンツのタクシーは、今にも分解するのではないかと思うほどのスピードで高速道路をアムステルダムに向けて疾走していました。オランダの肝っ玉母さんとも呼ぶべき逞《たくま》しい体軀《たいく》の女性運転手は「全力を尽くしてみる」とは言ったけれど、腕時計の針は刻一刻と非情にも約束の時刻に迫っていきます。思わず、

〈どうか待っていてください。アンネ、どうか折角のインタビューが流れてしまわないよう、応援して……〉

と何度も心の中で祈ってしまいました。ミップはドイツの侵攻前からアンネのお父さんの会社に事務員として勤め、身の危険を賭して隠れ家への逃亡を手伝った後、食料、薬品、学用品等のすべてを二年あまり調達し続け、アンネたちの心の支えにもなった人物です。何カ月も待った末に、ようやく、

「会いましょう」

と、ミップから返事が届き、アムステルダムのアンネの隠れ家の裏手で会う約束ができました。それは「ベルリンの壁」が崩れた翌年の一九九〇年初夏のことでした。困ったことに

同じ日、変更不可能な政治家との会見がハーグでありました。会見後、車に飛び乗り、アムステルダムへ直行するとミップとの約束に間に合うかどうか微妙でした。

タクシーが軋《きし》むようにカーブし、高速道路から一般道路へ降りると、ぐんぐんとアムステルダムの街が近づいてきました。腕時計はすでに約束の時間にさしかかっています。タクシーはアンネの隠れ家近くの西教会裏につんのめるように急停車しました。十五分も遅刻です。料金を渡すのももどかしく、鞄を引っつかみ、渾身の力をふりしぼって走りました。指定された住所に飛び込み、案内係が指差す方向へ階段を駆け上り、二階の広い部屋に飛び込むと、会議机に向かい、見事な銀髪の小柄な老婦人が穏やかな姿勢で腰を下ろし、こちらを正視していました。隣には紹介の労をとってくれた人物が腰を下ろし、ミップと静かに会話を交わしていた様子でした。遅れを詫びると、

「遠来で慣れない土地のことですからね。少し待っていようと話し合っていたところでしたよ」

とミップは落ち着いた声で遅刻の詫びにあっさりと応じました。そして、

「さあ、何でもお訊きなさい」

と姿勢を正し、改めて僕の顔を正視し、落ち着いた声で質問を促しました。

ミップの背後には天井まで届くかという大窓があり、窓外には区画共有の中庭が広がり、マロニエの大樹の若葉が優しい初夏の陽光を照り返していました。共有の中庭というのは各戸の裏庭の塀を低くし大木を茂らせ、まるで広い庭があるかのように錯覚させる、一種の「借景」です。この中庭の反対側が隠れ家でした。その屋根裏の小窓からアンネはこのマロニエの大樹を眺め、戦争の終わる日を願っていました。「日記」にも登場するマロニエの淡い青緑の若葉の陰にアンネの隠れ家が見え隠れしました。

ミップ・ギースの綴りは Miep Gies です。発音はミープより短く、ミップより長い。姓はギースとヒースの間で、面白いことにGはオランダ北部では濁音《だくおん》グに近く、南へ行くほど和らかくなります。ついでにアンネはオランダ語では「アヌ」とか、アンヌとアンナの間のように発音します。アムステルダムの友達からはそんなふうに呼ばれていたはずです。

ミップの印象は、なんと言ったらよいか。対面する人間の内にある善さを何ら疑っていない力靭《づよ》さを受けました。疑わないと決めた自信が伝わってきました。

相対する人が誰であっても折り目正しさを保つとでもいったらよいのでしょうか。だからインタビューでは、聞き手の僕自身が引き込まれるような緊張感を終始感じ続けました。ミップはアンネたちの潜行の様子、隠れ家のアンネの印象などをはっきりとした口調で語ってくれました。一九四〇年五月、ナチ・ドイツに占領されたオランダでは日増しにユダヤ人迫害が強まっていきました。潜行前のアンネの印象について尋ねると、

「その頃のアンネの世界の中では、私の存在はとても小さかったと思います。毎日がお友達との行き来で忙しくて」

と表情をほころばせました。「日記」の潜行前の記述やアンネと親交のあった人々のさまざまな回想で浮き彫りにされるのは、とにかく男生徒、女生徒のお友達が多くて、ちょっとおませで感受性が驚くほど鋭敏な、好奇心の強い少女の姿です。

◆死の召喚状と隠れ家への逃亡

アンネの一家は一九四二年七月六日早朝に隠れ家へ逃亡しました。前日の昼下がり、アンネの姉マルゴーに翌日の月曜日に出頭するよう、ユダヤ人移送の召喚状《しょうかんじょう》が届けられたのです。移送先で大虐殺が行われているなどの正確な情報はアムステルダムでは知らされていませんでしたが、噂やこっそり聴いていた英国放送協会(BBC)のニュースで恐ろしいことが起きているのは容易に想像できました。アンネも「日記」の中であれこれ心配しています。マルゴーの召喚状を一目見た両親は、潜行を直ちに決意しました。時間の猶予《ゆうよ》はありません。明日、マルゴーが出頭しなければナチ秘密警察が連行しにやって来るでしょう。

翌朝早くにメルウェーデ広場の家を脱出し隠れ家へ移ることになりました。実は潜行計画は少なくとも一年前から準備していて、計画実行を少し早めたのが真相のようです。アンネも日記でこの死の召喚状配達の数日前に公園を散歩中、お父さんから潜行の計画を漠然《ばくぜん》と告げられたと記しています。それほど緊迫した状況でした。ご近所には目立たぬように、しかも大急ぎで身支度をしなければいけません。

ところがその晩、こともあろうにアンネの家に間借りする独身男性が応接間に来て長々とお喋りをやめません。彼がようやく自室へ引っ込んだ後、死に物狂いで、しかもこっそりと逃亡の身支度を整え、皆が仮眠のベッドに横たわったのは午後十一時近くでした。

翌朝は夜明け前に目覚めると生憎《あいにく》の土砂降りでした。窓をたたく激しい雨で物音を立ててもかき消されてしまうのがせめてもの幸いでした。午前五時に薄暗い中で朝食をとると、身支度したマルゴーを先頭に皆、玄関扉の背後でミップの到着を声を押し殺して待ちました。午前六時頃、打ち合わせ通りミップは自転車で到着し、マルゴーはそっと自転車を引っ張ってドアの外に出て、たたきつける雨の煙幕《えんまく》の中へ吸い込まれるように消えました。万が一、途中で警官に見とがめられれば、マルゴーはもとよりミップも収容所送りになる恐れは大でした。午前七時頃、今度はアンネが両親と徒歩で出発しました。下宿人には書き置きを残し、いかにも大慌てで逃げ去り、逃亡先は肉親の居るスイスらしいと、皆が思い込むような〝手掛かり〟をわざと残し蒸発したのです。運よく全員が無事、隠れ家に着きました。アンネはこの朝の様子を日記にかなり詳細に記しています。

ユダヤ人に義務付けられていたダビデの星を衣服につけ、極力嵩張《かさば》らぬよう、できる限りの重ね着をして手荷物を携え歩く様子を、早朝のオランダ人通勤者たちが気の毒そうに見遣ったと書いています。これはおそらく強制移送に出頭するユダヤ人一家と見られたのでしょう。そういう気の毒なユダヤ人の老若男女の出頭風景の記録写真が多く残っています。

メルウェーデ広場から徒歩で着いた隠れ家は、プリンセン堀二六三番、なんとお父さんの会社でした。階段の踊り場奥の本棚がくるりと半開きし秘密の入口が現れるのを見て、目を皿のように広げて驚くアンネの様子が目に浮かぶようです。隠れ家はお父さんの会社の社屋と連結した裏の家でした。「日記」の原題だった「裏の家」のオランダ語はアクター・ヘュス。アクターは英語のアフター、ヘュスは英語のハウス。ちょっと似ていますね。

「裏の家」では無事に先に着いたミップとマルゴーが迎えてくれました。他の事務員や倉庫番たちが出社する前に、ミップは表の建物へ秘密の出入口から出て、素知らぬ顔で一日の仕事を始めました。さぁ、それから何が起こったのでしょう。

「私の役割は毎朝、他の社員の出社前に事務所に着き、秘密の出入口を通ってフランク夫人に買い物リストをもらい、午後の仕事のあとで買い物をし、隠れ家に届けることでした。フランク一家に後で知人たちが加わり計八人。私のアパートにも少年をかくまっていたので、夫を入れて十一人分の食糧を調達しなければなりませんでした」

これは大変なことでした。オランダの食料品も日用品も、多くがドイツへ運び出され、品不足が始まっていました。配給券では当然足りず、闇市の値はうなぎ上りになっていました。さらに調達も運び込みも絶対に目立たぬようにしないといけません。人に怪しまれたらおしまいです。一九四四年から四五年にかけては「飢餓の冬」として知られ、特にオランダ西部では餓死者が続出しましたが、その兆《きざ》しはすでに始まっていました。

――アンネはどんな女の子でしたか。

「物事を即座に、しみ透《とお》るように理解する子でした。隠れ家で急激に成長していきました。四つの壁に閉じ込められ、することは読書などに限られ、内面的に深まっていったのでしょう」

――恐れていましたか。

「恐怖を見せたことは一度もありませんでした。とにかく好奇心が強くて、外の出来事をしきりに知りたがりました」

――どんなことを訊いたのですか。

「例えば、『ミップ、私のお友達も皆、隠れたの？』とか、『ねぇ、連合軍はどこまで来ているの？』といった具合です。悪いニュースは隠れ家の人たちを余計に心配させるから教えないほうがいい、というのが夫の意見でした。それでも悪いニュースはないかアンネは執拗に私を問い詰め結局、本当のことを話させられてしまいました。アンネはそんな子だったのです」

――ミップさんがアンネに大きな影響力をもっていたのではないですか。

「とんでもないことです。そのようなことは夢にも思いません」

とミップは本気で驚き、むきになって否定しました。この人物の人柄がそのまま表れていました。さらにミップはこう続けました。

「彼女は私より、はるかに頭が良かった。不思議なことに彼女と話し始めると、まるでずっと年上の人物と会話を交わしているような錯覚に陥ることがよくありました。隠れ家から秘密の本棚の出入口をくぐり、表の家屋の事務室に戻り、同僚と話などをしているうちに、〈あれはなんという不思議な会話だったのだろう。夢を見ていたのかしら〉と、妙な気分に襲われたものです」

――アンネと日記について話したことはあったのですか。

「たった一度だけ」

こう言ってミップはそこで息をとめ、それから決然とした口調で、

「たった一度、私は隠れ家の掟《おきて》を破ったことがありました。日中は決して隠れ家を訪ねないという、皆で申し合わせた規則があったのです」

と、思いを込めて言いました。

「それはある暑い日の午後のことでした。事務机に向かって仕事中、急に隠れ家の人々に会いたくなったのです。なぜそうしたのか今でもわからないのですが、皆のことが気になり、じっとしておられず、隠れ家の方へ歩き出していました。

隠れ家の窓は昼間は白いカーテンで覆われ、外が透けて見えました。裏庭のマロニエの葉に真夏の陽光がいっぱい照り返していて、隠れ家の中のアンネの部屋は薄暗かったのです。

アンネが浸り込むように机に向かって何か書き物をしていました。背後の気配に振り向いた時の顔といったら——。絶対に二度と忘れられない顔をしていました。アンネの困憊《こんぱい》した表情が今でも忘れられません。可愛らしい、おしゃまな、いつでも笑みを絶やさない顔つきだったのに……。アンネのお母さんは私の靴音に気づいていて、すぐに雰囲気を察して、間に入って冗談を言ってその場を取り繕《つくろ》ってくれました。するとアンネも冗談で応じました」

この時にミップは「あの時の表情は」と力を込めて二度、三度と繰り返し、それがよほど強烈な印象だったのをうかがわせました。

隠れ家は構造が、倉庫・実験室の上の二階建てになっていて、階下にアンネの両親とマルゴー、隣室にアンネと両親の知人の気難しい歯科医デュッセル（本名ペッファー）氏、階上に両親の知人のファン・ダール（同ファン・ペルス）夫妻と息子のペータが住んでいました。その上が屋根裏でした。狭い空間で息を殺して八人が鼻を突き合わせる毎日です。時間を経るにつれ、いがみ合いもよく起こるようになりました。こうした日々の様子については『アンネの日記』、特に増補新訂版に詳しく描かれています。

そして一九四四年初め、急速にペータと互いに思いを寄せ合うようになりました。やがて屋根裏に上って二人きりで語り合う時間が増えていきました。考えてみれば十三歳になったばかりで隠れ家へ潜行したアンネもあと数カ月で十五歳。思春期の盛りを迎えていました。

一九四三年十一月二十七日の日付で、アンネは日記に昨晩眠り込む前に、幼馴染みで同じメルウェーデ広場に住んでいた学友で親友のハネリー(ハナー・ピック・ゴスラー)が目の前に突然現れた、と記しています。彼女は別れも告げず、親友を残し潜行した苦悩を、日記の話し相手キティ(日記自体を心の友としてこう呼んだ)に打ち明けました。

アンネの前に現れたハネリーは毛布に身を包み、痩せこけ、疲れ切った顔で、その大きな目は悲しげに、私を責めるように感じたと書いているのです。そして、

「アンネ。助けて。この地獄から私を助けて」

と訴えたのでした。この不吉な夢はそれから約一年三カ月後、ドイツ北部のベルゲン・ベルゼン収容所で数奇で、残酷な再会として現実になります。

第6章◆ヒトラーの「わが人生の学校」ウィーン

ホーフブルク宮のバルコニーで演説するヒトラー
© dpa／時事通信フォト

◆ミップとヒトラーは同郷・オーストリア出身

ヒトラーはなぜあんなユダヤ人狩りや大量虐殺をしたのか――。無論、ヒトラー一人であれだけのことができるわけではありません。そしてなぜナチズムがあれほど勢力を獲得し欧州全域を恐怖に巻き込み、猛威を振るえたのでしょうか。そもそも第二次大戦は不可避だったのでしょうか。

いずれも大命題です。「ヒトラーとは何者だったのか」という問いをじっくり考えてみるのが、こうした一連の疑問を理解する糸口にならないでしょうか。つまり、どうやってヒトラーは形成されたのか――。そんな気持ちで、ヒトラーが著書『わが闘争』の中で、彼にとっての「人生の学校」と表現したウィーンを訪れてみました。彼が若い時代に住んだ環境を少しでも知ることができたらと、彼に関する伝記や研究書に記されている住所を頼りに訪ね歩きました。

そこで、ちょっと歴史クイズみたいですが、アンネの運命の鍵を握る二人のオーストリア人が存在しました。しかも偶然なことに二人とも同じ頃、といってもほんの数年間ですが首都ウィーンの住人でした。それはミップ・ギースとアドルフ・ヒトラーなのです。

　ヒトラーは一八八九年四月二十日、チェコスロバキア(当時)国境に近いオーストリアのブラウナウで病的に厳格な税関吏とその何番目かの妻との間に生まれました。一九〇三年に父が死ぬと、「偉大な芸術家」を漠然と夢見て、一九〇六年春の小旅行を手始めに、母、妹をリンツ市に残し、憑《つ》かれたようにウィーンへ上京しました。一旦、母の乳癌の悪化でリンツに戻りましたが、一九〇七年暮れの母の死後、翌〇八年二月にウィーンへ再上京します。いくらかの遺産や父親の遺族年金がもらえたらしいので、まっとうな暮らしをすれば貧困に陥ることはなかったはずです。しかし最初に借りたアパート代がきつくなり粗末なアパートに移り、それも長続きせずとうとう一九〇九年には、なんと観覧車で日本の観光客にも人気のある、ウィーンの遊園地を根城にするホームレスになってしまいました。

　約二十五年後、数千、数万のドイツの聴衆の歓呼の声に、威風堂々と応え周囲を圧する独裁者のイメージとはおよそ結びつきません。ヒトラーは一九一〇年二月、ドナウ川支流と本流に挟まれた中州の北端にあるブリギッテナウ地区と呼ばれる二十区の独身男性収容施設に入居でき、そこに二年三カ月住みました。毎年、美術学校入学を志願し、その度に失敗したといいます。一九一三年五月に南ドイツのミュンヘンへ移り、翌年勃発《ぼっぱつ》した第一次大戦に参加しました。地図で見るとウィーンとミュンヘンはさほど離れていません。ミュンヘンに行っても収入の道は絵葉書描きなどに限られ、食うや食わずの暮らしを続けたようです。大戦が起き、やっと「軍隊」という生活の糧《かて》にありつくことができたわけです。

ミップは、ヒトラーがホームレスだった一九〇九年に同じウィーンに生まれました。一九一八年に終わった大戦の影響で著しい経済混乱が起こりました。極端な栄養失調に陥ったミップを診察した医者に「この子はこのままでは命を落とす」と告げられた両親は、泣く泣く彼女を同様な境遇の子供たちと一緒に列車に乗せ、見知らぬ農牧国家オランダへ里子に出したのです。一九二〇年のことでした。彼女は奇しくもヒトラーが政権を掌握した一九三三年、アムステルダムで設立直後のアンネのお父さんの会社に就職しました。

一方、ホームレスから独裁者へと人生の階段を駆け上ったヒトラーは一九四五年四月三十日、追い詰められたベルリンの地下壕で、愛人であり死の間際に結婚を誓約したエバ・ブラウンと自害します。

こうしてみると、同郷のミップとヒトラーの二つの異なる人生は、とても対照的です。ヒトラーはたくさんの、本当にたくさんの人々を犠牲にすることで頂点をきわめ、その挙句、六十歳前に自らの命を絶ちました。ミップは貧しい境遇を背景に、やむを得ずオランダへ送られますが、逞しく育ち、ドイツから逃げてきたユダヤ人の経営する、自家製ジャム用ペクチンを卸すオペクタ商会に職を得ました。ドイツ軍占領後、突然、この中小企業の社長オットー・フランクから潜行に手を貸してくれと頼まれます。潜行を助ければナチに拷問され、収容所へ送られ、殺される可能性もあったのです。酷な話を社員にもちかけたものですが、ミップは二つ返事で引き受けました。オペクタ商会のもう一人の女性秘書も、中年の男性社員二人も直ちにオットーの願いを快諾しました。彼らはアンネたちに最後まで体を張って尽くしたのです。実際に男性社員二人はナチに逮捕連行され収容所に入れられました。ミップは戦後半世紀以上、命が尽きるまで各地の子供たちに戦争の恐ろしさを話し続けました。ヒトラーとミップ。この二人のオーストリア出身者の人生を対比する時、いったい人生では何を求めたらよいか――。それを思わず考えずにはいられません。

◆ホームレス時代ヒトラーの影をウィーンに追う

ウィーンではヒトラーが住んだ場所のほとんどを見に行きました。ことごとく場末でした。華やかなワルツと青きドナウの都ウィーンのイメージとほど遠い、荒《すさ》んだ町並みが通りを外れるだけで忽然《こつぜん》と現れました。ぽくぽくと、ウィーンの中心の歩道を歩くと独特な音が跳ね返ってきました。道の両側は背の高い、石造りの民家やオフィス街であり、その谷間に歩道と道路があります。歩道の石畳が柔らかい岩質のせいか、歩く度に革靴の底がぽくぽくと心地よい音を響かせました。若き日のヒトラーもこんな音を立て、歩き回っていたのでしょうか。

ヒトラーがウィーン上京当初に住んだ場所を訪ねました。ウィーン国鉄西駅を出て右手奥へ歩いていくと、マリア・ヒルファーという大通りが始まります。この大通りの三つ目の角を右に曲がるとシュトンパーガセ(Stumpergasse)でした。この辺の町並みは、いかにも荒んだ場末の雰囲気です。

道は下り坂で、ふもとに教会が見えました。坂を下り始め十数軒目に、生魚はちょっとどうか、と首を捻るような和食食堂がありました。その斜向かいは、怪しげなマッサージパーラーで、「医療マッサージ」と手書きの看板が出ていました。和食食堂の並びに交番があり、道からヒトラーが住んでいた建物はどこか、と尋ねかけると、

「ヒトラーが本当にこの通りに住んでいたのか！」

と、若い警官が驚いて、背後の同僚となにやら言葉を交わしていました。そして僕に向かって、戦前の、それも第一次大戦前の記録などこの署にはないと言いました。

伝記によれば、この坂道の二九番にヒトラーはアパートを借りていたのです。グーグル・アースで確かめると、二九番には老朽化した六階あるいは七階建てのアパートとおぼしき建物が建っています。この建物の中庭にはアンネの隠れ家と似た構造の「裏の家」が連結しています。もしかしたらヒトラーはこの「裏の家」を借りていたかもしれません。

「二十区へお願いします」

目的地の道の名を告げると、タクシーの運転手さんが思わず表情をしかめました。そのしかめ面を怪訝《けげん》に感じました。国立オペラ座の脇で拾ったタクシーの窓外には、しばらくの間、香水の匂いが風の間に漂うような洒落た店やらオフィス街が流れていきました。

若き日のヒトラーがオペラ座での観劇後、とぼとぼと夜道を歩いて帰宅したと、これも伝記にありました。タクシーの窓からの眺めは少しずつ薄汚れた建物が増え始め、ドナウ川の支流のドナウ運河にかかった橋を渡るとたんにゴミが道に舞い、痩せぎすの生気のない男たちがそこここに佇む、荒んだ雰囲気に情景が変わりました。これが二十区のブリギッテナウ地区でした。やがて運転手さんは車を止め、

「メルデマンシュトラッセだ」

と無愛想に、道路の角にある建物の肩の道路札を指差しました。そして釣り銭を手渡しながら、

「この界隈は麻薬中毒者やアルコール依存症患者が溢れているんだよ」

と顔をしかめました。目の前に猫の額のように狭い辻公園がありました。そのベンチ付近では真っ昼間というのに三、四人の男たちがてんでに寝そべったり、胡坐《あぐら》をかいて赤ワイン

の瓶を回し飲みし、時折意味もなく、ちらりと険しい視線をあたりへ向けました。実はヒトラーの頃から、すでにこのような雰囲気だったようです。

メルデマンシュトラッセは車の往来の激しい電車道から一本入った、幅のある通りでした。初老の男性が両手にスーパーマーケットのポリ袋を提げ、ステテコのような服装で古いコンクリート造りの学生寮のような建物へ歩いていきます。これが昔、ヒトラーの住んだ施設に違いありません。男性の後をついていくと、表玄関は工事中で閉まっていて、臨時の出入口が庭側にこしらえてありました。そこで門をくぐり、庭を突っ切り、建物に足を踏み入れるとそこはすでに廊下でした。

運よく施設の指導員がいて、内部見学を希望すると、意外にも快く案内までしてくれました。彼はヒトラーが昔、この建物に住んでいたのをよく知っていて、

「内装は何度も変わったが、建物自体はヒトラー入居当時とほとんど変わりないと思う」

と言いました。廊下は古い病院のような感じです。方々に共同の洗面場やシャワー・トイレ、炊事コーナーが設けてありました。階段の鉄製の手摺《てす》りは旧型の大袈裟《おおげさ》な飾りで、おそらく二十世紀初めの開所当時からのものだそうです。ヒトラーは開所後、五年目頃に入った

そうだから、この階段の手摺りの飾りも見慣れた情景だったでしょう。

案内の指導員は、ヒトラーの頃と同様、今も入居者は独身男性で、それも年配のオーストリア人が多いと言いました。指導員はまだ三十代初めでしょうか。寮長のような立場で権威があるせいか、通りがかるとシャワーを浴びている裸のガッシリした体格の中年男性や、ブリーフ姿の初老の目つきの鋭い男性が慌てて挨拶します。廊下の片側はずらりと個室で、

「室内を見せてあげよう」

と言って、その中の一室をトン、と一回軽くノックし、返事も待たずにドアを開けました。ベッドに半裸の柄パンツ姿の、ビア樽のような腹をした男性が転がってテレビを観ていて、驚く様子もなく身を起こしました。部屋は団地サイズの三畳もないくらいで、その壁一面に悩殺的なポーズの女性のヌード写真が貼ってあります。小学生が座るような小さな机には安い赤ワインの瓶と、お店の包装紙を広げたまま、その上にパンやレバーペーストが置いてありました。指導員が僕を紹介すると、彼はがっちりとした手を差し出し握手し、俺は七十歳になると挨拶しました。ドアを閉めた後でこの指導員が明かしました。

「彼は若い頃、殺人事件を犯し、数年前まで懲役刑を受けたんです。ほとんどの人生を監獄で暮らしたのですよ。出所してからここに身を寄せたが、当局の手違いで数年間も余分に監獄に入れられたのが判明したんです。かなりの賠償金を仕払われここを去ったけれど、半年でおカネを使い果たして舞い戻ってきました。やっぱり自分をうまく律するのが苦手なんでしょう」

良さそうな人に見えるが、人殺しは魔がさしたのだろうかと尋ねると、

「そうだと良いのですがね」

と醒《さ》めた返事が返ってきました。

施設の最上階まで上りました。内装改修中の大部屋は建物の角にあり、指導員が窓を開けるとくすんだウィーンの町並みが見渡せました。この眺めに、ヒトラーがいた当時の建物が残っているか、と尋ねてみました。若いヒトラーが眺めた風景をこの目で見てみたかったからです。

「ほら、あの古い大きな建物は二十世紀初めに、すでにあったはずですよ」

指導員はドナウ川の方を指差しました。川は建物の群れに隠れ見えません。彼は続けます。

「ヒトラーは総統になり、ウィーンに戻ってきた時、この施設を閉鎖し、別の用途に用いるよう命令したのです。そうすることで自分の過去に仕返ししたかったのかもしれませんね……」

どうしてあんなことをしたと思うか、と尋ねると、ため息まじりに答えました。

「彼は目先の知恵はあっても、聡明じゃなかった。利用されたのでしょう。操《あやつ》り人形だったのですよ」

操り人形……不可解な言葉ですね。醒めた口調で、だから同じオーストリア出身のヒトラーに対し批判を手加減したという響きはありません。しかし「操り人形」というなら、いったい誰に操られたというのでしょう。ドイツの軍需産業なのでしょうか。

これは後日のことですが、ベルギーの古書店で、直訳すると『誰がヒトラーに財政支援したか』という古本を見つけました。英語の本で、副題は「一九一九〜一九三三年、ヒトラーの権力の座への台頭の秘密資金」です。ジェームズ・プールとスザンヌ・プールの共著です(注・邦訳『ヒトラーの金脈』早川書房)。ぱらぱらっとページをめくると、ナチの初期の個人献金者としてなんと米国の自動車王ヘンリー・フォードの名まで挙がっています。もちろん副題通り、一九三三年までを対象とした叙述なので、ヒトラーのナチが本性を露わにする前の話なのですが……。それにこの本がどの程度、信頼できるものかも不明です。ただし、これだけは言えると思います。それは第二次大戦の原因をヒトラーだけに押しつけて、あとはすました顔をしているのは恐ろしく危険ではないかということです。

派手な高級ブティック街やオペラ座、荘重な建造物群と、荒んだ貧困地域が混在する、幾重にも歴史の重なったハプスブルク帝国の都ウィーン。若き日のヒトラーが歩いたに違いない街路を歩き続けていると、底なし沼に引き込まれるような重さや苦しさとやるせなさに襲われました。この都全体の秘める、どんよりとすべてを包み込むような歴史の重みに、体の芯までぐったり疲れました。ホテルに戻ると、そのまま泥のように眠り込んでしまいました。

ウィーン出発の日の朝、バロック様式の建物の市庁舎から、電車道を隔てたブルク劇場の脇の公園のベンチに腰を下ろしました。晩夏の朝の透けるような陽光の中で、隣の老人がぼんやりと昔を懐かしむかのような趣で座っています。思わず、

「第二次大戦中は、この町はどんな様子だったか憶えていますか」

と英語で訊くと、ドイツ語しか駄目だという返事が返ってきました。やむなく片言のドイツ語を駆使して尋ねると、なんとか伝わったようで懸命に答えてくれるのですが、悲しいかなわかりません。すると隣のベンチで身を寄せ合って勉強していた学生の男女カップルが見かねて即席の通訳をしてくれました。この老人は、

「悪いけど、私はナチ収容所に入れられていたので戦時中の外の様子はよく知らないのだ」

と答えていたのでした。そこで、

「ヒトラーを見たことがあるか」

と尋ねてみました。

「もちろんだとも。ほら」

と振り返り、公園の立ち木の背後にある広場の方角を顎《あご》でしゃくりました。

「ほら、あのホーフブルク宮の前の広場で演説したのだよ。実にたくさんの聴衆が集まっていたな」

こう言って、当時を思い浮かべるように目を宙に浮かせました。一九三〇年代後半のことでしょう。当時のウィーン市民の暮らしは苦しかったのかと訊くと、淡々と答えてくれました。

「当時、ここの生活物資は乏しかった。ホームレスが溢れるほどではなかったがね。ファシズムは日増しに強まっていた。当時の国民の九十パーセントがナチを支持したと教えられたものだ。そういっても、まぁ、巧みな世論操作が行われたんだよ。私は社会主義運動をしていて、それで連行された。奴らは真っ昼間に捕らえに来たのだ。間違いなく殺されると観念した。一九四二年のことだ。四五年まで収容所に入れられていた。収容所はハンガリーとの国境近くにあった」

そこで収容所で何を食べたか、拷問されたか、と尋ねると、老人は、

「食べ物なんてほとんどなかった。重い石を運ばされた」

と両手を思い切り広げ、岩の大きさを真似ました。

「ただ私は拷問は受けなかった。高齢者から先に死んでいった。だけど絶滅収容所じゃなかったから生き延びられた。戦後、ウィーンに戻ってからスウェーデンに移住し、今も半年はウィーン、半年はスウェーデンの暮らしだ」

老人と学生カップルに別れを告げ、ヒトラーが演説したと思われる位置に近づいていきました。古い記録写真には広場を埋め尽くした民衆に演説するヒトラーの姿が写っています。

ヒトラーが立っているのは、このホーフブルク宮のバルコニーのはずです。僕はそのバルコニーの下に立ってみました。

仮定通りなら、ヒトラーは今、目の前に広がる凱旋門《がいせんもん》風の建築や、宮殿など、今もほぼ変わらぬ景色を眺めていたに違いありません。ヒトラーはその時、何を考えていたのでしょう。自らすねて選んだ貧困の青年時代の五年間を忘れたはずはありません。そのみじめな過去と、ウィーン市民の歓呼と興奮に包まれた自分を重ねた時、彼は何を感じていたのでしょうか。

ウィーンの空港を離陸した飛行機はゆったりと旋回しながら高度を上げていきました。窓をのぞくとドナウ川本流、そしてその河畔に積み木のごとくニョッキリと突き立った国連の建物やドナウの中州が見えました。その川の左手にウィーンの町の中心が広がっています。「青きドナウ」というけれど、泥の多い水質のせいか、川面は黄土色で、あちこちで夏の陽光を反射し、キラキラキラキラと白い無数の鱗のように照り返していました。機体はさらに緩やかに上昇し、聖シュテファン寺院の熱帯魚の背のような彩り豊かな屋根の真上にさしかかります。とたんにミルクのような霧が流れ始め、窓の外は真っ白になってしまいました。

第7章 ◆ 「アンネの家」が急襲される

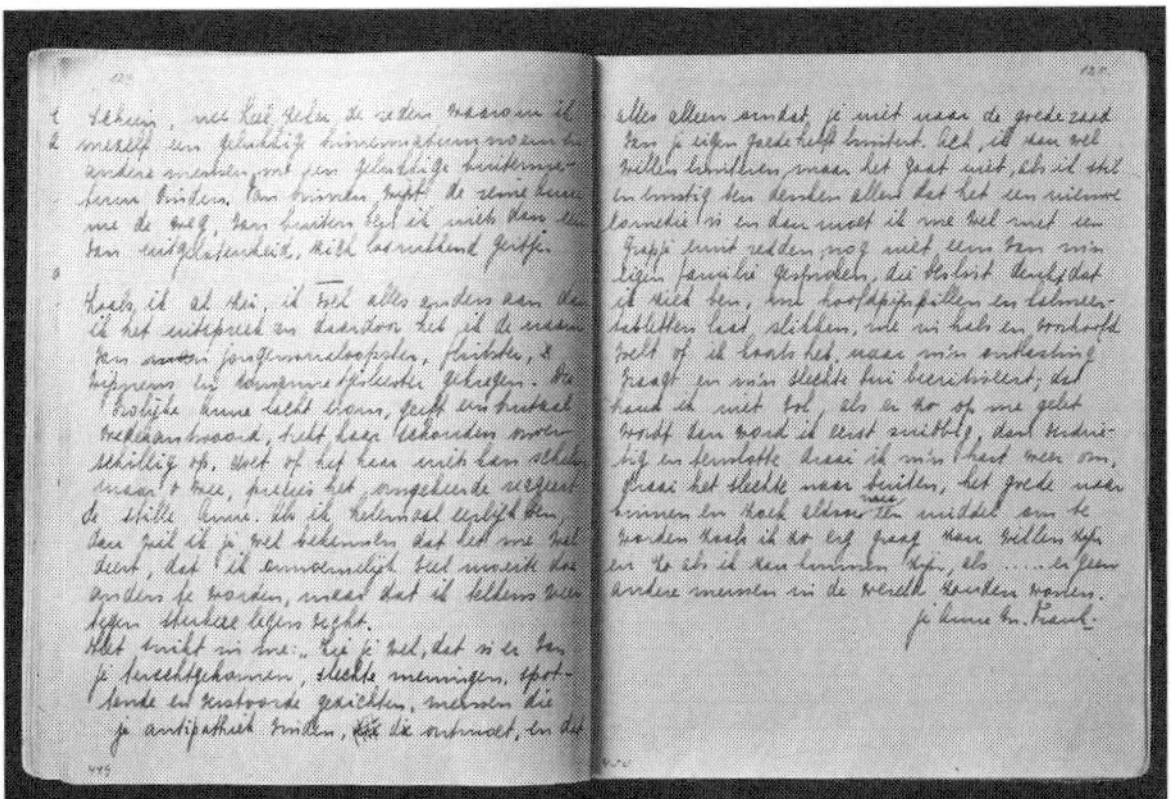

アンネの日記　1944年8月1日分　© AFP＝時事

とても悲しい話をしなければなりません。とうとうアンネたちは、ナチの秘密警察に見つかり連行されてしまいます。

◆運命の朝

一九四四年八月四日金曜日のことでした。アンネが日記の中で繰り返し恐れていたことが現実になったのです。ミップ・ギースたち周囲の人々が身の危険も顧みず、あれほどアンネたちを守ろうと苦心したのも水泡に帰してしまいました。運命の日、八月四日の朝、ナチ占領下のアムステルダムは心地よく、からりと晴れ上がっていました。プリンセン堀沿いの街路樹の緑が青い水面に照り返しています。午前十時半前、ドイツ秘密警察の緑色の車がアンネの隠れ家のあった二六三番前に音もなく停車し、制服のナチ秘密警察官の指揮する三、四人(注・三～八人と異なる証言の中の有力説)のオランダ人私服警官が飛び出しました。

ミップ・ギースはその時、建物内の事務机に向かって伝票の整理中でした。隠れ家では、アンネたちが朝食後、めいめいの日課を始めたところでした。ミップはインタビューでその緊張の朝の生々しい様子を教えてくれました。

「表の気配に、あら、夫が弁当を取りに寄るには少し早いが、と思いました。気がつくと背後に拳銃を構えた男が立っていたのです」

「動くな！」。こう男は命令すると、社員のクーフレル氏の背に拳銃を突きつけ他の私服たちと秘密の入口の本棚へ向かいました。不気味な沈黙が気の遠くなるほど続きました。昼近くになっていたでしょうか。突然階段のほうが騒がしくなりました。

「コツン、コツンという階段を降りる、特徴のある足音で〈アンネだわ〉とわかりました」

隠れ家の八人の住人ばかりか、アンネのお父さんに代わり会社経営を支えた二人のオランダ人男性社員も、アンネたちをかくまった容疑で引き立てられていってしまいました。ミップはすんでのところで連行を免れました。男性社員二人の尋問を終えた制服のナチ秘密警察官が再び事務室に現れ、

「さぁ、お前の番だ」

と、ミップを睨みつけました。偶然にもミップはこの秘密警察官のドイツ語に、幼い頃、自分の耳に親しんだウィーン訛《なま》りがあるのに気づきました。もしやと、

「あなたはウィーンの出でしょう?」

と、思わず質問を発し、相手を驚かせたのです。少しでもアンネたちの救いになるのではと、もうそればかりが頭にあり、恐怖などは吹き飛んでいました。なぜそんなことがわかるのかと、訝しがる秘密警察官に、彼女自身もウィーン出身である経緯を説明しました。この秘密警察官の名はシルベルバウアーといいました。

オーストリア人がドイツ秘密警察に勤務しているのは当時、同国がドイツに併合されていたからでなんの不思議もありません。第一、ドイツ帝国の栄光の主のように振る舞った総統ヒトラー自身がオーストリア出身なのです。ミップの予期しない一言にやや態度を和らげましたが、再び態度を硬化させ、大変な国家反逆者め、貴様をどうしてやろうか、などと毒づいた挙句、

「ここを動くな。動いたりしたらお前の亭主をしょっぴいてやる。戻ってくるからな」

と、捨て台詞を残し立ち去りました。シルベルバウアーは会社の鍵束《かぎたば》を倉庫番のファン・マーレンという男に手渡しました。そして電話で催促した護送車で、隠れ家の八人、会社の男性社員二人を連れ去りました。石を投げれば届くほどのプリンセン堀の対岸には野次馬が

群がり、その中にひきつけたような表情で連行の様子を凝視するミップの夫ヤンの姿がありました。この「戻ってくる！」という脅しのため、ミップは金縛りにあったように事務室内でじっと動かなかったのですが、そのうちに夫のヤンがやって来ました。隠れ家の家宅捜索中に、配給券などの証拠書類を持って事務所を抜け出たもう一人の女性事務員も無事戻ってきました。

夕刻になって、ミップとこの女性ベップ、さらに鍵をナチから委ねられた倉庫番ファン・マーレンの三人は、隠れ家の様子を見よう、ということになり、本棚を反転させ、恐る恐る隠れ家へ入りました。ミップは目に飛び込んだありさまを説明してくれました。

「部屋に入ると、床には一面にびっしり字の書かれた紙がまき散らされ、見覚えのある格子縞の日記帳がすぐ目に留まりました。アンネの一番大切なものだと直感し、日記と散乱した紙のすべてをかき集め、私の事務机の袖の引き出しに入れました」

これが後に世界的に有名になる『アンネの日記』の運命を決める瀬戸際になりました。なぜなら、間もなく隠れ家は、秘密警察が差し向けた清掃業者にすっかり片付けられてしまったからです。

インタビューの際、ミップは僕に対してアンネの日記や紙は、「事務机の引き出しに入れ、鍵はかけなかった」とはっきり言いました。別に「鍵はかけなかった」と言わなくてもよいところだけれど、それを敢えてきちんと言い添えたのです。できるだけ正確に様子を伝えようとする、ミップの人柄を表す律儀な表現だと印象に残りました。ミップはさらに、

「実は、戦後になっても夫のヤンにも黙って、ずっと一人で恐れ続けたことがあった」

と打ち明け話をしました。

「それはシルベルバウアーが『戻ってくる』と言い残した言葉通り、復讐に現れるのではと密かに思っていたのです。実際にアムステルダムでそういうケースで人が殺される事件が起こりました。彼がいつか戻ってきて殺されるのでは、と夫にも告げられず一人きりで悩んでいました」

会見の立ち会い人は何十年もミップと親交のある人物でしたが、この打ち明け話は初めて

聞いたと後に驚いていました。

ミップはこのように戦後もずっとシルベルバウアーの恐怖に苦しんだのですが、アンネたちが連行された直後には、恐るべき気丈さを発揮します。連行されたアンネたちを救い出したい一念でなんと単身、直談判のためアムステルダムのナチ秘密警察本部に乗り込み、シルベルバウアーに食い下がったのです。上司に直接頼め、と言われるまま幹部室の扉を開くと、ナチの秘密警察の上官たちが顔を突き合わせて、敵方の英国放送協会(BBC)ラジオニュースを聴いている最中で、怒声が響き追い出されてしまいました。

ナチの連中はあまりに想定外の訪問に、ミップが何者かわからなかったのでしょう。そうでなければ彼女は直ちに収監され酷い目にあったでしょうから。なんとしても救ってやりたい——。ミップはそれだけでもう無我夢中でした。

◈「アンネの家」の人々を密告したのは誰か

残る最大の疑問は、誰が密告をしたかという点でした。アンネは一九四四年に入ると日記の中で、新たに雇い入れた倉庫番のファン・マーレンは怪しい、怪しいと不安感を記していました。

倉庫の上がどうなっているか――倉庫の上はアンネたちの隠れ家でした――しつこく知りたがるので要注意人物だというのです。アンネの隠れ家を急襲した日、ナチ側がすでにすべてを知っており、通常の捜索のように家中を探し回らず、階段の踊り場の秘密の本棚へ行ったこと、立ち去る際にファン・マーレンに会社社屋の鍵を託したことなどが疑いをさらに深めることになりました。アンネ・フランクの資・史料に詳しい人物は、ファン・マーレンが確かにかなり疑わしいとにおわせ、しきりに残念がるのです。

「各種の状況からみて、戦後、調べれば密告者は割り出せたはずです。ただ、オットー・フランクはそうした名前の割り出しに消極的でした。わかったところで娘たちは帰らないという気持ちがあったのでしょう。また、それが彼の性格なのかもしれませんね」

しかしオランダ国立戦争記録研究所のバルナウ博士は少し違う見方でした。

「密告者をファン・マーレンに特定してしまうのは、ちょっと酷な気がしますね。むしろ二年以上見つからなかったほうが不思議と考えるべきです。八人のうちの誰かが誤って不用意に音を立ててしまったとか、隠れ家の窓は中庭を挟み、対向するたくさんの民家から丸見えなので、なにかのはずみに見られてしまった線も消せません。すべての可能性があったと見るべきです。そして密告があったのは動かしがたい事実でした」

アムステルダムのアンネ・フランク財団関係者によると、プリンセン堀二六三番の隠れ家の八人に関する情報提供料、つまり密告者への報奨金支払いの書類の写しが保存されていて、これには支払先の名前が記載されていないが、報奨金額は一人当たり五ギルダーと明記されています。当時のオランダの新聞には、男物革靴の広告に値段は五ギルダーとあります。物不足できっと革靴の値段も上がっていたでしょうが、密告者にとっては、アンネの命は靴一足の値段の重みだったことになります。

ところが二〇一六年夏に財団を訪ねると、新たな進展が起きていました。財団の人たちがいろいろ調べているうちに、従来から確実視されてきた隠れ家・密告説と違い、偶然発見された可能性が出ていたのです。つまり、ナチ秘密警察は食料の闇物資取り引き捜査のためプリンセン堀二六三番を急襲したら、予想外のアンネたちを発見したというのです。

ミップたちが八人の食料を調達していた複数の闇ルートの一つ、ハーレム市の業者筋から闇物資横流しの情報が当局へ漏れたようなのです。ただし、この偶然発見説が浮上する一方で、密告報奨金五ギルダー支払いの証拠が存在するのも事実です。「四四年八月四日」の真相は永遠にわからないかもしれません。


アンネたち八人のユダヤ人は「隠れ家」からアムステルダムのユテルペ通りのドイツ占領軍の秘密警察本部に連行され道の反対側に留置されました。そして四日後にオランダ北東部ドレンテ州のウェスターボルク収容所へ移送されました。オランダからアウシュビッツなど絶滅あるいは強制収容所へ送られるユダヤ人は、まずこのウェスターボルク中継収容所へ送られました。移送にはアムステルダム国鉄中央駅から旅客列車が使われました。

アンネや隠れ家の人々、そして多数のユダヤ人を押し込めた客車は外から鍵をかけられ、やがて汽車はゆっくり動き出しました。父親オットーの戦後の回想では、十五歳になったばかりのアンネは二年以上も目にしなかった赤レンガの町並み、そして間もなく窓外に流れ始めた緑の海原のように夏草に覆われた牧草地と田園風景を恐怖も忘れ、じっと見入っていました。それがアンネの地獄の七カ月の旅のほんの始まりでした。

◆悲しみのウェスターボルク中継収容所

霰《あられ》が時折降るかと思うと、突然くっきりと青空が現れました。二月下旬のことで、春はまだ浅かったのです。森を切り通した道路を二キロあまり歩くと、サッカー場を五つも合わせたほどのウェスターボルク収容所跡に着きました。

アンネたち「隠れ家」の合計八人は、一九四四年八月八日午前中にアムステルダムのナチの留置場から他のユダヤ人たちとともに旅客列車に閉じ込められ、同じ日の午後の終わりにウェスターボルクに到着しました。そして一カ月足らずの後、九月三日、今度は家畜用貨車に詰め込まれアウシュユビッツへ移送されたのです。

このウェスターボルク収容所跡を見たいと思いました。さて、どうやって行けばよいか……。オランダ全図を広げると、まず大きな文字のグローニンゲン(注・Groningen、正確な発音はフローニンヘンとの間）が目に飛び込んできて、その南にアッセンという町があります。そのまま南へと鉛筆でたどると細文字で記したベイレンがあり、さらに目を凝らすとこの集落の外れに一層細い活字でウェスターボルクが見つかりました。

アンネたちは列車でアムステルダム中央駅からウェスターボルクへ移送されました。彼女の道順をできるだけたどろうと考えました。アムステルダム中央駅の切符売り場で「ウェスターボルクへ行きたいのですが……」と告げたとたん、券売係の若い女性は「あっ」という表情をし、たちまち収容所訪問だと通じました。それほどオランダ人の間では知られた歴史上の場所のようです。そして「最寄りの駅はベイレンだが、アッセン駅のほうが大きいから何かと便利だろう」とアッセンでの下車を勧めました。

列車は牧草地や延々と続く松林を走り抜け、やがて牧草地の一部が水に浸かっているほど幅のある川にかかった鉄橋をゆっくりと渡り、さらに北へ北へと走り続け、アッセン駅に約二時間で着きました。日曜日というのに、駅の周囲には人出があり賑やかでした。アッセンはグローニンゲンに次ぐこの地方の主要な町なのだそうです。

駅前からタクシーに乗りました。車は羊や牛が草をはむ放牧地を貫く舗装道路を疾走し、十分足らずで収容所跡入口に着きました。入口にはモダンな記念資料館が建っていました。そこから収容所を覆い隔てるかのように深い森が始まります。

ウェスターボルク収容所跡への訪問後しばらくして、何人かの元収容者から話を聞くことができました。すでに紹介したファン・ヘルダーさんは当時のウェスターボルク収容所について、

「今のような森は、当時まったくなかった。荒涼としたヒースの原が、果てしなく広がっているだけでした。そして収容所の周辺には羊が放牧されていました」

また、ウェスターボルク収容所に解放まで入れられていたウェルナー・レーウェンハルトさんも収容所の思い出を語ってくれました。

「まず言っておきたいのは」

と彼は切り出しました。

「それはね、(ナチ収容所生存者の)誰もが皆、違った話を持っているということだ」

こう言って、瞼《まぶた》の手術跡を覆った痛々しい額の包帯の下から、静かな目で僕のことを見据

えました。

ウェスターボルク収容所の数少ない生き証人のレーウェンハルトさんを訪ねたのは一九九〇年代半ばの夏でした。

同氏の事務所は世界的に有名なアムステルダムのコンサートホール「コンセルトヘボー」劇場の裏手にありました。地図で確かめると「アンネの隠れ家」と、隠れる前にアンネの一家が住んでいたメルウェーデ広場の真ん中あたりです。

事務所は電車道に面した小さなビルの二階にあり、上っていくと額から両目にかけて包帯を巻いた、小柄で気さくな老人が迎えてくれました。同氏は包帯をつまみながら「一昨日、手術したばかりでね」と言うのです。包帯の下では目が幾重にも腫れ上がっています。「出直したほうがいいのでは」と僕が気遣うと、

「いいや。お話しするつもりでいました。包帯は気にせんでいいよ。何でもお尋ねなさい。今、訊いておかないと、つぎつぎに皆、死んでいってしまうからね」

こう他人事のように言って、

「あしかけ五十年、商業デザイナーをしている」

と、四方の壁に貼り巡らされているポスター作品を一つ一つ短く説明してから、僕に腰を下ろすよう勧め、自分も深くソファに身を沈めると、

「父はドイツ人で、母はオランダのドイツ国境に近いエンスケデ付近の出身だ」

と自己紹介を始めました。収容所の話題に移ると、

「ウェスターボルクというのは、それは奇妙な世界だった。鉄条網の囲いの中で、できるだけ普通の暮らしに近い収容所生活が意図的に行われていた。ただし火曜だけは特別だった。毎週火曜の早朝に蒸気機関車が到着した。真っ黒い機関車から、もくもくと煙が上がっていた。そして同じ午後、収容所のユダヤ人を貨車に詰め込み、出発していった。一回に千人くらいを運んでいった」

アウシュビッツのような絶滅収容所と違い、オランダ中から連行されたユダヤ人を集結する中継キャンプでした。演芸場まであり慰問ショーが行われたというのです。

「慰問ショーはキャバレーと呼ばれていた。当代一流のドイツの映画スターや役者、歌手が慰問公演にやって来た。それは決まって火曜の、移送列車出発後に行われた。食事もさほどひどくなかった。火曜の明け方に貨車が着いて、午後、ユダヤ人たちを詰め込みアウシュ

ビッツへ出発する以外は、普通の暮らしに近いものだった。ドイツ人の収容所長は移送前のユダヤ人を丁重に扱うよう指示されていた。とにかく頭数をそろえ、ユダヤ人移送に励んでいれば所長の身は安泰だった。彼は仕事上のミスをとがめられ、東部前線へ配転されるのを最も恐れていたんだ。なにしろ収容所長にはユダヤ人の料理人、ユダヤ人の情婦までいた」

アンネを見ましたか、と尋ねると、

「彼女は確か、ほんの数週間滞在しただけのはずだったね」

と応じ、特に記憶にはありませんでした。どうして会えなかったかと訝しがる僕に彼は、

「収容所には常に、数千人規模の人がいたからね。それが毎週到着する人々、移送されていく人々で頻繁に入れ替えがあったから、全部の人が顔を知り合うのは不可能だった」

と応じました。そこで、もしかしてと、質問を変えて、一九四四年九月にアウシュビッツへ出発した――つまり、アンネたちが移送された便のことを記憶しているかと訊くと、そのことは覚えていました。

「それは最後のアウシュビッツ行きの移送便だね。よく覚えている。それ以降はもう（戦局の展開で）鉄道移送は不可能になったんだ。私は、その最終便で移送される人たちの荷物を

一輪の手押し車で貨車まで運ばされた」

なんとアンネの「隠れ家」の皆が詰め込まれていたのは、この収容所からアウシュビッツ行き最後の移送便だったのです。なんという運命でしょう。たまたま持っていたウェスターボルク収容所のユダヤ人移送の模様を写した記録写真を見せました。写真は貨車の外で外套姿のSS(ナチ親衛隊)が見張り、ユダヤ人が家畜用貨車に乗り込む光景でした。レーウェンハルトさんは、

「ほら、貨車の側面に手書きしてある番号を見てごらん」

こう言って、二七という数字を指差しました。

「これは移送列車の番号だ。記録が残っているから、この番号さえ見れば出発の日までわかるんだ」

と、貨車の扉にペンキかチョークで白く大書された数字を指差しました。写真の貨車は最終便ではありませんでした。さらに最終便の出た日の天気の記憶があるか、と尋ねました。

「よく覚えている。少し暑いくらいの晴天だったな。あの夏(四四年)は暑い夏で、晴れの

日が多かった」

収容所ではすべてが事細かに記録され、保存されました。残されている四四年九月三日のアウシュビッツ行き最終移送列車の移送名簿には、三〇六番が姉マルゴー。三〇七番が父オットー。三〇八番が母エディット。三〇九番がアネリゼ（アンネの正式な名前）とタイプ打ちされています。ウェスターボルクからアウシュビッツには合計五万八千三百八十人が移送されました。その中で生還したのは、わずか八百五十四人だけでした。ドイツ軍のオランダ侵攻を国境に近い町ナイメーヘンで目撃したルイ・デ・ウェイゼさんは、そのわずか八百五十四人の生き残りの一人でした。

◈地獄行き列車は毎週火曜に発った

一九九五年の夏の終わり、オランダ東部ドイツ国境に迫る、ナイメーヘン市外れの村落にルイさんを訪ねました。ルイさんの屋敷は森林と丘陵の続く住宅地にありました。街道沿いのホテルで道を尋ねると、ビール腹のホテルの支配人が外まで出てきて、小高い丘の中腹にあるルイさんの屋敷を指差しました。ここから車を飛ばせば、ものの十分でドイツ国境だそうです。

前庭に迎えてくれたルイさんは小柄で、彫りの深い表情の、画家のような雰囲気の人物でした。実際にはルイさんの自己紹介によると「食肉業に関係した」実業家でした。この邸宅は戦後、奇跡的に生還してから一代で築いた財産と思われました。年齢は七十三歳ということでしたがそれより十歳ほど若く見えました。けれど悲しさが沁み込んだ表情は、過去の体験と必死で闘い続けた人生を感じさせました。

「話をするのは戸外でもいいかね」

と玄関から応接間に通された後、ベランダへ出ました。夏の終わりのからりとした、心地の良い晴天でした。広いベランダの先はすとんと崖になっていて、そこから鬱蒼とした木立が谷を埋め尽くしていました。ベランダの椅子を勧められ腰を下ろすと、まるで高原の山小屋にでも来たような錯覚に襲われました。ルイさんはマルボロ煙草を取り出し、使い捨てライターで火をつけると、深く一服した後、語り始めました。

実は第４章でルイさんの一家がナイメーヘンの自宅から連行され、ウェスターボルク収容所へ移送された様子には触れたのですが、その際、意外なことを教えられました。ウェスターボルクはナチが作ったのではなくて、大戦前にオランダ政府が設けたユダヤ人難民の収容所だったのです。

戦前に、ナチの迫害から救いを求めて逃げてきたユダヤ人たちを、オランダ政府は国境で入国を拒否したり、受け入れを制限したり、厄介者扱いが目に余りました。しぶしぶ受け入れても最果ての地のウェスターボルク収容所に囲い込み、宿泊代も要求したのはどうやら歴史的事実のようです。そうした当時の政府による仕打ちをルイさんは今も許せないのです。

ルイさんの指摘で、これまで『アンネの日記』の中で意味のわからなかった部分について、はたと思い当たりました。日記の中で「オランダ人が変わってしまった」と嘆いているのがピンとこなかったのですが、なるほど実際に反ユダヤ人の雰囲気がオランダ社会でも強まっていたのです。オランダは人権外交、手厚い難民対策、途上国援助の旗頭《はたがしら》として世界をリードしている感があります。でもいったん自国にたくさんの失業者が溢れたりすれば、「国のポーズ」などというものは当てにならないということでしょう。二〇一五年頃から本格化した難民の大量流入に際して欧州諸国で起きた難民への拒否反応の風潮、そして人種差別、難民・移民排斥を唱える極右政党の大躍進でも、同様な傾向が見られます。いざとなればわが身が一番可愛いということです。

さあ、ルイさんの回想です。

「ウェスターボルクではすでに移送が行われていた。そしてそれ以降も続いた。われわれが着いたときは週に一回、(移送の)汽車が出発した。われわれが着く以前には週に二回も出発していた。ウェスターボルクには、なんと言ったらいいかな……。一種の組織が出来上がっていた。すべてがユダヤ人により運営されていたからね。すでに収容所にいた、ドイツから来たユダヤ人難民が行政組織をつくっていたのだ。人々は収容所で働かなければならなかったけれど……私は運が良かった。いま言ったユダヤ人行政組織内でドイツ軍指揮官たちの走り使いをする若者グループに加えられたんだ。だが、毎週火曜日に決まって汽車が出発した。そしてどこへ行くのか、われわれには知らされなかった。いったいどこへ行くのか?

するとSS(親衛隊)は答えた。

『東だ。そこで働かねばならんのだ。心配はするな』

そこで人々は、あぁ、じゃ、赤ん坊や老人はどうなのか。彼らまでなぜ行かねばならないのか、と重ねて尋ねる。すると、答えが返ってきた。

『家族をばらばらにしないためだ』

でも正確に何が起きているか、知っている者は誰一人いなかった。私はかなり長い間、ウエスターボルクにいた。さっき言ったように、走り使いの仕事をしていた。父は収容棟の掃除をさせられた。母は調理場でジャガ芋の皮むきが仕事だった。妹は看護人になった。それからドイツから疎開した一番下の義妹だが、この子は十歳だったから働かずに学校へ通った。学校まであったんだよ。それはまるで本物の、小さな村のようだった。収容所には最初、獰《どう》猛《もう》で狂暴な司令官がいた。次のSS司令官は丁重で静かな印象を与えたが、毎週、確実に計画通りの人数の移送を実行し続けた。まぁ、言うなれば紳士面をした犯罪人の印象だった。私がこの後、転々と移送された収容所でも同じだったが、真ん中に点呼用の広場があった。『アペルプラッツ』(ドイツ語で『点呼の広場』)と呼ばれた。とにかく連中は常に人数を数えていた。数がすべてを管理していた。数字が非常に重要だった。彼らが『火曜日朝、汽車で千人を運ぶ』と言ったとしたら、九百九十九人では絶対ダメなんだ。千人きっかりでないと。これはアイヒマン式管理のせいでね。アイヒマンというのはすべてを書類に基づいて組織した男だよ。このようにしてわれわれは収容所にいた。

二月十六日のことだ。一九四三年だった。私の両親が……（テーブルの上の飲み物を飲み、躊躇《ちゅうちょ》したあと）……私の両親が、出発しなければならなかった。小さな妹と一緒に。私の里子の妹……可愛らしいチビちゃん。それで……両親と大変な喧嘩になった。夜通しのね。両親は、『お前たちは残りなさい』と言う。われわれは、私と妹は、『父さん、母さん。僕たちも一緒に行きたい！』と言い張った。だってわれわれは、とても幸せな……いつも一緒の家族だったのだもの。妹も私も彼らだけで出発して欲しくなかった。しかし、夜の明ける頃、とうとう父母はわれわれ妹と私は残るべきだと決めた。そしてわれわれは残り、彼らは二度と戻ってこなかった」

ここまで語るとルイさんは沈黙しました。小鳥の声ばかりが谷間の木立に響き渡っていました。ルイさんは努めて冷静に話していたのですが、両親との別れになるとさすがに言葉が途切れがちになってしまいました。それでもルイさんは感情を抑え込み、

「毎週月曜日の晩に各棟へ、翌朝の出発者名簿を携えた人が訪ねてきた。そして……誰もがその週から次の週へ、火曜日から次の火曜日へと生きていた。火曜の朝に移送される人々

が貨車へ連れていかれた。最初は古い客車が使われ、やがて家畜用貨車に切り替わった。七十人から八十人、いや八十五人くらいを一両に詰め込んだ。母親も、子供も、老人も、担架にのった人々も誰も彼もすべて家畜用貨車に押し込んだ。そして午前十一時か正午頃に汽車は出発した。戦後に知った数字だが、こうしてウェスターボルクから移送された人で、生き残ったのはわずか五パーセントだった」

当時の移送風景を描いた絵に蒸気機関車が見えるがその音を覚えていますか、と訊くと、

「あぁ、汽笛を覚えている。蒸気を吐く音も、機関車が発進する轟音も……」

とルイさんは頷いて、深い呼吸をしてから続けました。

「汽車が出た後は、一週間の救いが訪れた。収容所内の生活は普通のまま続いた。ユダヤ人の運営する村だったのだもの。収容所には何でもあった。警察官も消防夫もいた。だけれども、火曜日には汽車が出た。この繰り返しが続いた。私は走り使いの仕事から、農業労働へ回された。運河を掘ったりの重労働だったが、食べ物は与えられたしなんとかやっていけた。五十人から六十人の若者のグループだった。だが一九四四年三月のことだ。突然、私の移送が決まった」

アンネたちがウェスターボルク収容所に連れてこられるのは四四年八月ですからルイさんとは行き違いということになります。

アンネたちは約一カ月ここで過ごしました。収容所は鉄条網で囲まれ、監視塔が収容者の動きを見張っていました。到着直後、素裸にされ犬のように屈むよう命じられ、身体検査後、男は坊主頭に、女はばっさりと髪を切られました。輝くばかりの黒い長髪をとても大事にしていたアンネには、どんなにかショックだったでしょう。収容者用の百七棟の木造バラックがあり、内部には三列の、兵舎に似た寝所が設けられ、各列に三百人が割り当てられました。夜間は男女は分けられ、日中は行き来が可能でした。

アンネたち八人は隠れていた罪で六十七棟あった懲罰棟に割り当てられました。起床・点呼は午前五時で、強制的に労働させられました。食べ物はパンと薄いスープ程度。けれど同じ収容所でアンネたちとよく言葉を交わしたある生還者の話によれば、自由時間にはいつもペータとぴったりと一緒に嬉しそうで、まるで若い夫婦のようだったそうです。もちろん不安と恐怖心は片時も離れなかったでしょうが、それでもこの夏の数週間は、十五歳になったアンネの短い生涯の中で、束の間のはかない青春だったかもしれませんね。

ウェスターボルク収容所跡への入口には記念資料館が建っています。当時の収容所全景の模型や収容所での作業風景の写真、収容棟のベッド、犠牲者の家族の系図などが展示してあります。数万人の名も知られない「アンネ」がいたことを思い知らされます。

遺品の陳列棚に古びた子供用リュックサックから、仔熊の縫《ぬ》いぐるみが顔をのぞかせていました。白かベージュ色の生地全体は年月を経て黄色っぽくなっていますが、どんぐりのように丸い、黒い目だけが天井の照明を反射して光っていました。アンネはもう縫いぐるみに興味を持つ年齢を越していましたが、ルイさんの十歳の義妹が持っていた可能性はあります。

別れ際にルイさんが、

「アンネ・フランクはあの年齢にして素晴らしい作品を残した。気の毒な少女だ。でもアンネはストーリーのほんの一部分なのだよ」

と言い、さらに付け加えました。

「どうして生き残れたか……。ボクサーのチャンピオンが目の前で蠅のように死ぬのを目撃した。突き詰めると、これはもう体の中にある持って生まれた強さというしかない。そう、健康だったということだよ。私たちはそれでも幸運だった。生還した後、ショックから抜け切れず、苦しみ続ける人々が多いのだ。肉体的にも、精神的にもだ。悪夢に毎晩苦しみ続けるとかは序の口だ。まぁ、われわれは比較的に健康に暮らしている」

別れ際に両親のことを思い切って尋ねました。

「アウシュビッツ到着の直後にガスで殺された。これに間違いない。間違いないよ。そしてすべては半世紀前のことだ……」

ルイさんは「これが私の話です。期待外れではなかったか」とこちらの顔をのぞき込むように尋ねました。前庭まで見送ってくれ、くるりと踵を返し、少し足を引きずるようにして庭へ水をまき始めました。そうでもしないと今、語った過去の思いを振りきれず、やるせないような後ろ姿に見えました。

第8章 ◆ アウシュビッツ生還者たちが語る

収容所から移送させられる女性収容者　© dpa／時事通信フォト

◆運命のアウシュビッツ行き最終便

アンネの一家は一九四四年九月三日、オランダのウェスターボルク収容所から、ポーランドのアウシュビッツ・ビルケナウ絶滅収容所へ九三番目の便で移送されました。「隠れ家」に同居した残りの四人も同じ貨車でした。家畜用貨車で約千人が移送されました。実はこれが同収容所発のアウシュビッツ行き最終便でした。この頃から連合軍がオランダの鉄道を空爆したり、九月十七日にはオランダ全国鉄道ストが始まり鉄道輸送が不可能になったのです。

一車両に詰め込まれたのは八十人とも八十五人ともいうから、割り算をすると約十二両の貨車が蒸気機関車に牽《ひ》かれ、文字通り生き地獄への片道旅行に旅立ったのです。すでにご紹介したウェルナー・レーウェンハルトさんは人々の荷を一輪の手押し車で貨車まで運んだ後、アンネの詰め込まれたアウシュビッツ行き最終移送便を見送りました。

「少し暑い、からりと晴れた好天だった。機関車の汽笛や、吠えるように吐き出される蒸気の音がいまも耳の中に響くようだ。移送列車は今では森になってしまったヒースの原を越え、アッセン市方面へ消えていった」

果てのない飛行場のように平らな土地がどこまでも広がるオランダのことです。はるか彼方まで移送列車が小さくなっていくのが認められたことでしょう。

アンネたちのアウシュビッツ移送は想像を絶する旅でした。生還者の証言によると、ぎゅう詰めの貨車内では座るスペースもなく、手荷物として許されたリュックに腰を下ろすのがやっとでした。ほぼ飲まず食わず、用足しもバケツをたらい回しにしてすませたそうです。怒声やいがみ合い、子供の泣き声やむせび泣きに溢れていました。これが三日続きました。

こんな状況は、とりわけお年頃のアンネにとって耐えきれなかったでしょう。すでにご紹介したルイ・デ・ウェイゼさんの体験談を続けます。アンネより半年早い移送便でした。

「(出発は)一九四四年二月だった。われわれ農業作業班の若者は五十六人。まだ恵まれていた。他の家畜用貨車とは別の家畜用貨車を割り当てられたからだ。他の貨車には一両に八十人が詰め込まれた。ある貨車には精神病院から連れてこられた患者約二百人が押し込まれた。あまりに満杯でまるでイワシの缶詰のような様相だった」

——食べ物は与えられなかったか。

「なかった。旅は三日。つまり二晩続き、食べ物は与えられなかった。でもわれわれ（農業作業班）はあらかじめ食べ物を携帯していた。マーガリンとソーセージを積んだ食料用貨車が最後部に連結されていたが、ポーランドのウロツワフ付近でそっくり盗まれてしまった。そうさ、食べ物はなかったよ」

——水もなかったそうだが。

「そう。なかった。だが、われわれは準備していた。リンゴもあった」

——他の貨車の人々は。

「皆、用意していたはずだ。旅行に備えたパン、サンドイッチを持っていた」

——貨車の人々は身動きできぬほどぎゅう詰めだったというが。

「それはそうだ……。八十人ではほとんど身動きもできない。けれど、われわれは運が良かった。五十人から六十人程度の班だったから、貨車の床に横になれた」

——三日目の到着時の様子を話してほしい。到着は何時頃か。

「昼下がりだった。われわれが最初に着いたのはアウシュビッツ・ビルケナウだった。まあ、後になって知ったのだけれどもね。追い立てられて貨車から出された。『急げ！　急げ！』。こう叫んでいたのは、これも後でわかったのだが、縦縞の服を着た囚人だった。カポ(囚人長)だ。SS将校たちはシェパード犬をけしかけ、下車を速く終わらせようとした。

その時だった。同じ列車の、例の精神病院から連行された患者たちがトラックに放り込まれるのを目撃した。それからわれわれは大きな部屋に連れていかれた。あとで教えられたのだが、ここが、このまま生かして働かせるか、ガス室送りか、決定を下す場所だった。中に入るとまず名前を呼ばれ、『はい』、『いいえ』と答えさせられた。それが終わると名簿と移送者リストを照合し、そこで『選別』が行われた。二人のSS将校が立っており、『左』、『右』と選別を続けていた。われわれ若者の班は『左』へ選別された。母親と子供、老人、幼児はガス室、火葬窯《がま》へ連行された。これも後で知った」

――「選別」は身分証明書をいちいち確認したのか。

「いや、連中は、ただ目で見て判断していた」

ルイさんは椅子から急に身を起こし、「右！」、「左！」と言いながら、無表情で左右に軽く顎をしゃくり、ユダヤ人の生と死を選別するSS将校の仕草を再現してみせました。

――幼い子供たちはどうなったか。

「殺された。ガスだ……。そしてわれわれはトラックでアウシュビッツ（アウシュビッツI）へ連れていかれた」

――アルバイト・マハト・フライ（働けば自由になれる）という有名な鉄門のある収容所か。

「そうだ。そこでわれわれは着ているものを脱がされた。吹雪だった。収容所内の道に素裸で立たされた。とても寒かった。つぎにバラックの一つに連れていかれた。体中の毛を剃られ、腕に入れ墨をされた（と言いながら、ルイさんは左腕に彫られた青黒い算用数字を見せました）。

ほら、読めるね。一七五五六四だ。それから駆虫剤で消毒され、つぎの部屋で青い縦縞の服と木靴を与えられ、第十一号棟へ入れられた。この十一号棟は『死の棟』と呼ばれていた棟だ。人々を壁に向かわせて銃殺した棟だよ。今もそのまま残っている。一番端の、中門がある奴だ。その棟の二階に入れられて約一週間過ごした」

アンネたちの移送貨物列車は一九四四年九月三日午前十一時頃、ウェスターボルクを出て、九月五日夜半にアウシュビッツに着きました。ルイさんがビルケナウ(別称アウシュビッツII)にまず到着したのとは逆に、アウシュビッツIに着きました。下車する人々に、煌々《こうこう》と球場のように照明が浴びせられ、男性と女性が分けられました。拡声器ががなり立て、SSが線路の間に仁王立ちになって、老人、子供、体の弱そうな人を待機中のトラックへ導きました。

オランダ国立戦争記録研究所のバルナウ博士によると、「トラックに乗せられた人々はガス室に送られた。アンネたちは夜明け前にビルケナウまで連行された。このオランダからの最終便の千十九人のうち、十五歳未満の子供全員を含む五百四十九人が翌日にガス室で殺された」。

◆生還者の語る生き地獄

ソニア・キックさんもウェスターボルクからアウシュビッツを経て生還した数少ない一人

でした。ソニアさんの一家は、オランダのウェスターボルク収容所から一九四四年二月にチェコスロバキア(当時)のテレジェンシュタット収容所へ移送されました。さらにその年の十月にアウシュビッツ・ビルケナウへ移されました。戦後、生還できたのは彼女だけでした。一九九五年の真夏の日曜の午後、オランダのハーグ市内の古風なホテルのロビーに、推定される年齢からははるかに若やいだ、洒落た服装の小柄な婦人が現れました。ソニアさんは音楽家ということでした。会見した広間には華やかなピアノの曲が流れていました。

「ビルケナウは死に呪われた場所でした。私の入れられた棟の近くにジプシー(注・ロマ族)の棟があり、そこから美しい音楽が流れてきたことがありました。それを耳にするのはあまりにも残酷でした。ビルケナウ到着は午後四時頃でした。荷物は没収され、その後、選別が行われました。列では私の前の同じ年頃の女性が『私は労働は嫌だわ』と言いました。周囲から『働けると言わなきゃ駄目よ』と忠告されたのですが、(SSに尋ねられると)『いいえ、労働したことはないです』と答え、(ソニアさんたちの)反対側へ選別されました。(テレジェンシュタットで)一緒に働かされ、仲良くなった女性はお母さんと子供二人と一緒でした。彼女の番が回ってくるとSSに向かい、『これは母です』と言ったのです。するとSSは、じゃ、お前の母親に子供を渡せと命令し、お前は働けるか、お前は健康か、と尋ねました。私の仲良しの女性が『はい』と答えると右側の列に行くよう命じられ、お母さんは孫二人と反対側の列に行かされました。シャワー場へ連れていかれました。チョロチョロと冷水が落ちてきただけでした。素裸で大きな古い棟に追い込まれると古着の山がありました。私は穴だらけの夏服と木綿のセーターを選びました。収容棟に入るのを許されたのは、明け方の午前四時でした。先ほどの仲良しの女性は収容棟のカポに向かって、『母と子供たちに会わせて！』と懇願するのですがカポはそっぽを向くばかりでした。女性が諦めず『お願い。母と子供たちがどうなったか教えて』と食い下がると、このポーランド女性のカポは面倒臭そうに空の方へ顎をしゃくりました。私の仲良しは泣き始めました」

アウシュビッツ収容所
© CTK／時事通信フォト

ソニアさんのビルケナウ到着は一九四四年十月でした。アンネは四四年九月上旬にビルケナウに移送され、同年十一月初めベルゲン・ベルゼンに送られます。数週間、アンネとソニアさんは近くの棟、もしかしたら同じ棟にいた可能性があります。ひょっとしてアンネを知っていたのでは、と訊くと、

「あのね、あなたは自宅の一本裏の道のマンションの住人のことを知っていますか」

と、諭すような口ぶりで逆に尋ね黙ってしまいました。おやっ、と虚をつかれたけれど考えてみれば今でも、近所の顔見知りは案外少ないものです。ましてや行動の自由が皆無の状況で、見ず知らずのアンネを知っていたかと尋ねるほうが無理だったのです。

ルイさんの回想に戻ります。

――**アウシュビッツでは人間を焼く臭いが常に漂っていたそうだが。**

「それは……（と、思わず顔をしかめながら）つぎに移送されたモノビッツ収容所（別称アウシュビッツⅢ）でもそうだったが、ガスで殺した後、人体を焼く臭いが風向きによって漂っ

てきたよ」

――ガス室の存在を知っていたか。

「ああ、ビルケナウに着いて、数時間後にはここで何が起きているかを知った。ガスで殺していることを――。カポたちがそう言ったし、すでに収容されていた人々も教えてくれた。『いいか、奴らはガスで殺し、窯で焼いているんだ』とね。でもオランダでは、ポーランドの収容所でそんなことが起きているなんて誰も知らなかった。あるいは誰も正確に何が起きているか知りたくなかったのかもしれない。信じようにもあまりにも残酷過ぎた」

――ガス室の位置関係だが。

「ガス室はビルケナウにあった。アウシュビッツ（アウシュビッツⅠ）にも小さいのが一つあった。われわれはそれを知らなかった。われわれは工場へ連れていかれた。ドイツはアウシュビッツの工場で人工ベンジンやタイヤ用ゴムを生産しようとしたが、三度空襲されて断念した。われわれは防空壕に入れなかった」

――アウシュビッツでの食事内容は。

「パン二百グラム、小指大のマーガリン、それにスープだ。スープはほとんど湯に近く、ニンジンが少々入り、稀《まれ》に十から二十グラムのソーセージのかけらが混じっていた」

――拷問はあったか。人々は絶望していたか。

「ああ、あった。例えば、私はベッドをSSが気に入るように整えなかったという理由だけで、特製の木の台の上に連れていかれた。台は可能な限り人体を引っ張る仕掛けになっていて、その上に寝かされ、打たれた。収容者には高圧電流の流れる鉄条網へ自分から歩いていき感電死する者もいた」

――カポの役割は何か。

「カポも囚人に変わりなかった。われわれに付いたカポは普通だった。時には恐ろしいカポもいた。自分の命を守ろうとSSの前で収容者たちを虐待した。いかに自分が仕事に精を出しているか見せるためだった。ドイツの収容所管理は実に巧妙だった。全体の統制はSSが司《つかさど》り、細かい作業はカポに任せていたのだ」

アンネや姉マルゴーが収容されたビルケナウから生き残ったエルフリーデ・ゲイリンガー・マルコビッツさんに話を聞きました。エルフリーデさんは、実はやはり生き残ってオランダへ帰還するアンネのお父さんオットーと奇跡的に巡り合い、後に結婚します。
エルフリーデさんの一家はなんとアンネたちが「隠れ家」へ潜行するまで住んでいたメルウェーデ広場に住んでいました。そしてエルフリーデさんのお嬢さんがアンネと顔見知りだったエバ・シュロスさん――すでにご紹介した、ロンドン郊外に住む女性です。エバさんはアンネのアパートによく招かれて、オットーの顔を覚えていました。それで、収容所の生還者を運ぶ列車内で、エバさんがオットーに気づき、「ママ、アンネのパパよ」と、いわば縁結びをしたのです。まさに奇遇ですね。母と娘は助かり、夫と息子は収容所で命を落としていました。

エルフリーデさんをスイスのバーゼル市外れのお宅に訪ねたのは一九九〇年代前半の初夏のことでした。ここはアンネのお父さんオットーが晩年、エルフリーデさん

アウシュビッツ収容所の焼却炉
© 時事通信フォト

と暮らした場所です。旧市街から車で十分ほどの距離で、タクシーは勾配気味の道を上り、地味な落ち着いた感じの一軒家の前で停まりました。迎えてくれたエルフリーデさんの傍らには娘のエバさんがロンドンからちょうど訪れていたところでした。応接間で腰を下ろすと、エルフリーデさんは淡々と収容所生活を語り始めました。収容者たちが殺されているのを感じていたか、と問うと思わず娘と顔を見合わせてから答えました。

「あたりには、常に肉を焼く臭いが漂っていました」

飢餓、拷問、漂う人肉の臭気の中で生きた、と。収容所でアンネを見たか、と尋ねたけれど答えは否でした。エルフリーデさんにドイツ人が憎くないかと訊くと、胸の内を明かしました。

「バーゼルの町に買い物に出ると、年配のドイツ人旅行者をみかけることがあります。その瞬間、もしかしたらこの男性が昔、収容所にいたドイツ人かもしれない、とどうしようもなく恐れが蘇ってくるのです」

しかし、八十歳を越えたエルフリーデさんの言葉には剥き出しの憎しみは不思議と感じられませんでした。なんと表現したらいいのでしょう。生き続けて、僕のような取るに足らぬ来客と話す間も一瞬、一瞬をそれこそ慈《いつく》しんでいる――そんな雰囲気が漂ってきました。「静かなもの」とでも言い換えることができるかもしれません。そう言えば、この印象はルイさんからも受けました。「諦《あきら》め」でもない。「罪を許す」とも違う。ルイさんはナチの行為は永久に語り継がれるべきだと怒っているのですから。そうした憎悪や復讐の感情や、宗教・倫理の次元を超越した、その場、その瞬間、そこに在ることを受け入れている態度がエルフリーデさん、ルイさんたちから伝わってきました。

◆アンネを苦しめたアウシュビッツへの旅

一九九三年七月、ポーランドのアウシュビッツへ出かけました。アンネの移送された絶滅収容所をこの目で見るのが目的でした。アウシュビッツの最寄りの、空港のある大きな町はクラコフでした。クラコフに着いたときには日は暮れかかっており、アウシュビッツは翌日行くことにして旧市街のホテルに荷を解きました。まだ明るいので町の見物に出かけるとパリ風のブティック、フランス語の看板を掲げた店や料理店が至る所に軒を並べ、けばけばしい観光地のムードに包まれていました。

実はクラコフには一九八〇年代初めに戒厳令下のポーランドを取材した際、訪れたことがありました。その頃のしっとりと歴史の年輪を感じさせる古都クラコフの面影は、木っ端微《み》塵《じん》に消え去っていました。これが、あんなにポーランド庶民が「自由化！　市場経済導入を急げ！」と憧れて戦った結果か……。ふと、もの悲しい感傷に襲われました。レストランに入ると初老の男性が注文を取りに現れました。町の様子がすっかり変わったようだが、と話しかけると、悲しげに答えました。

「そう、すっかり変わった。でも高級ブティックはほんの一握りのポーランド人のためだ。十年前は何もなかった。今は何でもあるが、何も買えない」

ホテルへ戻る途中、空タクシーが路上に停まっていました。向こうから、いかにも朴訥《ぼくとつ》そうな運転手さんが買い物袋を提げ戻ってきます。そこで思いついて、この運転手さんにアウシュビッツ行きを頼み、翌朝にホテルへ迎えに来てもらうことで話がまとまりました。

翌日午前十時七分にクラコフを出発しました。十時半に右手の小山の頂きに古城が姿を現し、運転手さんは「テニシネック城だ」と言いました。彼はドイツ語と英語を混ぜた片言を話しました。十時四十三分にハイウェーに入り、リビャンシュを過ぎました。路肩に目に染みるような赤いケシの花の群生がどこまでも続きました。

やがてハイウェーを離れ、十時五十分に「OŚWIęCIM」の地名表示が見えました。運転手さんは「これがアウシュビッツのポーランド語名だ」と言い、「オウシュビェンチム」と発音しました。檜などの針葉樹、ブナの混じった林を車は抜け、村落を通り過ぎ、再び林を抜けると左手にカトリック教会が現れました。通過中の村には日本の住宅事情から見れば豪邸クラスの家が目立ちます。

九三年当時、日本でマスコミや専門家が貧しい、貧しいと伝える国になぜこんな立派な家が多いのかキツネにつままれたような気分でした。やがて貨車が目に入り、午前十一時に「オウシュビェンチム」駅前を通過しました。このように小さな町には不釣り合いな立派な駅舎です。約一分後にアウシュビッツ収容所跡に着きました。

まず広い駐車場に驚きました。観光バスが何台も停まれるスペースがありました。駐車場入口のそびえ立つ看板にドライブインみたいな感じでレストラン・マークがあったのには、ちょっと違和感を感じました。百万以上の人が殺されたアウシュビッツ収容所跡は、静粛な、霊を弔う厳かな環境を当然予想していたからです。もっとも遠くから来て、喉が渇く人も、お腹が空く人もいるでしょうから飲食施設があるのは当然です。ただなんとなく、この看板の立て方が無神経な気がしたのです。収容所跡の入口では説明のパンフレットを買いました。

当時の僕の日記に「一つ一つにカネ、カネでこの国の商魂丸出しを感じた」と記してあります。入場料の類いも徴収されたと思われます。日記の中の独り言としてお聞き逃しください。入口に英語、ドイツ語、フランス語など各国語のガイドさんがずらりと待機していて、「アウシュビッツ(アウシュビッツⅠ)コース」と「アウシュビッツとビルケナウ(アウシュビッツⅡ)両収容所訪問コース」のいずれかを選べました。そこでとりあえず「アウシュビッツ」だけを頼むと、フランス語を話すガイドさんが割り当てられました。このガイドさんは近くの町に住み、パリに留学しフランス文学を学んだということでした。三十代の女性で、入口の建物から出発し、収容棟跡を回りながらとても簡潔に説明してくれました。

その時のメモを頼りにガイドさんの案内ぶりと僕とのやりとりを極力忠実に再現してみます。でも、あくまでも一つの参考程度と考えてください。例えば、収容所から生還したルイさんの証言との数字の違いはそのまま記します。収容所跡巡回の前にガイドさんはアウシュビッツの歴史の説明をしました。

「お話は第二次大戦前から始めなければなりません。ポーランドの統治はロシア、ドイツ、オーストリアに三分割されていました。この地方はオーストリアに属し、このためアウシュビッツ村にはオーストリア軍が駐屯していました。つぎにここはポーランド軍の兵舎になり、そして一九三九年にヒトラーのドイツ軍が侵攻してきました。収容所の歴史は、ヒムラーの指令によって一九四〇年四月に始まりました。四〇年にこの近郊の住民は強制的に追い払われたのです。四〇年五月に、まず七百二十八人の最初のグループが移送されてきました。そしてドイツのザクセンハウゼンから三十人のドイツ人刑事犯の囚人が各収容棟の長として連れてこられました。後にカポと呼ばれました」

――カポはSS(親衛隊)より残虐だったそうだが。

「それは一概にはいえません。SSより良いカポもいたし、恐ろしく悪いカポもいたのです」

入口の案内所兼入場手続きの建物から出ると「ARBEIT MACHT FREI」とドイツ語で抜き彫りした鉄門が収容棟への門でした。ガイドさんがこれを見上げて、「自由へ向け働こう、とでも訳すのでしょうか。ユダヤ人の到着は一九四二年春から始まりました。『選別』は最初から行われました。十四歳以下の子供は殺されました。体つきなどで判断したのです。例えば選別方法の一つとして一メートル二十センチの高さに棒を渡し、その下をくぐれた子供は殺しました」

ガイドさんは続けます。

「最終的解決というのをご存じですか。一九四二年一月二十日にベルリン郊外のワンセーで開かれた会議の決定です。内容はドイツ人らしく『千百万のユダヤ人を全滅し、ユダヤ人問題を解決する』というものでした。会議でハイドリヒは『われわれの目的は、わが母国と西欧のユダヤ人の完璧な除去にある』と言いました。このオウシュビェンチム（アウシュビッツ）には百三十万人が運び込まれ、百十万人が死にました。そのうち百万がユダヤ人、七万から七万五千がポーランド人、二万がジプシー（注・ロマ族）、一万五千がソ連兵、一万から一万五千はその他の国の出身者です（注・ガイドさんの数字のまま記す）」

――オランダからのユダヤ人は？

「ワンセー会議の虐殺計画ではオランダ国内のユダヤ人を十六万八百人と推定しました。ユダヤ人の移送は貨車の一車両に八十人から百人も詰め、もっと詰め込んだこともありました」

収容棟だったという、古い建物を改造した展示場に入りました。モノクロの大きな写真は移送されたユダヤ人の到着風景のようでした。ガイドさんが続けます。

「到着時の選別にティロン博士やメンゲレ博士（注・ユダヤ人収容者に対する生体実験で知られる）が立ち会うこともありました。写真を見てください。左手は労働可能とみられた人々。写真右手奥の一群は『死』です」

「死」と彼女が指差した一群には老人、病人、妊娠中の女性、子供の姿が多く写っていました。

展示パネルなどを見ながら説明が続きます。

「アウシュビッツ（アウシュビッツⅠ）収容所は面積が六ヘクタールで、遺体焼却場は一施設、窯は三炉ありました。ガス室で二十分で死に、焼くのに二十分かかりました。日に三百四十体焼き、記憶に間違いなければ一九四四年夏までに七万体を焼却しました。戸外で死体を焼いたこともあります。二千体、二千体、二千体と重ね焼きしたのです。近くのビルケナウは総面積が百七十五ヘクタールで、遺体焼却炉は四施設あり、日に八千体処理しました。二軒の民家を仮のガス室に使ったこともありました。最初は殺した後、埋めましたが、焼却するようになり、灰は池や川に捨てました。一九四四年にはハンガリーのユダヤ人の数が多く、作業簡略化のため線路をビルケナウ内にまで引き込み、そこで選別が行われました。一九四四年には、日に二万人が殺され処理されました」

ガス室で問題の毒ガスの空き缶が展示されていました。錆《さ》び朽ちた缶のラベルには「ZYKLON B(チクロンB)」という毒ガスの素の名が読み取れました。ガイドさんの説明です。

「毒ガスの素は赤十字のマークをつけたトラックで運び込まれました。白い岩塩の塊のようなチクロンをシャワー場と偽ったガス室の、天井の小さな孔からパラパラと注ぎ込み、蓋を閉めました」

巡回の終わりに旧収容棟から少し離れたガス室・遺体処理場に来ました。ガス室の入口は、こんもりと土が盛り上がった非常に小さな古墳のようでした。中へ入ると暗く、まず脱衣場に使われたという空間がありました。そしてガス室に進みました。半ば地下室のようで、その印象は全体が長方形の、平たい船底をひっくり返したような形でした。見上げると、なるほどカビでも生えているように、ヌラヌラとした気持ち悪い天井に、いくつも小孔がありました。

「一回に二千人を二十分で殺しました。そして政治犯が死体を掃除し、焼却炉に運んだのです」

不気味にガイドさんの声が響き渡ります。隣の部分へ抜け出ると、いくつかの焼却炉がありました。そこへ一輪の手押し車に遺体を積み上げて運び、重ね焼きしたというのです。

一九九五年一月のアウシュビッツ解放五十周年に因むフランスのテレビ局の特別番組で、この遺体処理作業に従事したという八十歳に近いと思われるポーランド人男性が証言していました。遺体処理作業をさせられた人々は数カ月で交代させせられ、殺されたといわれます。

日本で起きた地下鉄サリンガス事件の際、ベルギーの著名な毒ガス専門家は、毒ガスの被害者に触れた場合、二次汚染されると警告していました。

二十分間で中の人は死んでも、室内の毒ガスが晴れるまでにはずいぶん時間を要したでしょう。遺体を片付ける人は極めて汚染の可能性が高かったはずです。凄惨《せいさん》極まる、限りなく危険な作業を強いられ、しかもこの証言者が生き延びたのは奇跡というほかありません。証言の一部をここに書き留めます。

「ガス室に入ると、天井に向かって死体が小山のように積み重なっていました。というのはこのガスはすぐ充満せず、チクロンが湿気に反応し、次第に床に近い、低いところから昇っていくのです。死体の山の上部は一番力の強い大人の男性でした。一番下敷きになっているのは子供、力の弱い老人、女性で、毒ガスが充満するにつれ、少しでも楽な方へ力の強いものが争って上ったのは明らかでした」

このポーランド人の老人は目を半ば閉じ、ポツリ、ポツリとかすれるような声で目撃した光景を語っていました。

アウシュビッツ(アウシュビッツI)のあと、ビルケナウへの案内をお願いしようとしたら、すでにつぎの見学者が待っている、ということでした。運転手さんと二人だけで向かいました。アンネが入れられたのはビルケナウなので、こちらの方にどうしても行きたかったのです。アウシュビッツから約三キロメートルの距離を隔ててビルケナウがあります。車で数分でした。

まず古い錆びた線路がずーっと続いていて、夏草がぼうぼうと生えていました。車を降りて線路上に立つと、その先に門を兼ねた中央監視棟が見えました。両翼が広がり、真ん中が低い監視塔になった建物です。この棟の腹がトンネルのようにくり抜かれ、線路がそのまま内部へ引き込まれている仕組みでした。これがアウシュビッツとしてよく紹介されている写真だな、と思いました。ビルケナウには駐車場も何もなく、運転手さんは「表で待っているから」と言って、鉄条網の塀の外に車を寄せてから、弁当を取り出しました。

監視塔まで歩き、内部に入り階上に上ると、窓からは、建物の両翼に連なり、はるか彼方まで続く鉄条網の塀や飛行場ほどの広がりのある収容所跡全体を見渡せました。つぎに中央監視棟をくぐり、収容所跡敷地に入りました。線路が半ば土に埋もれて残っていました。ここで「選別」が行われたのか――。思わず生還者たちの話や記録写真を思い浮かべました。

アンネの入れられていた棟を確かめたい――。入口に立てられた看板には、見学コースは右へ、と指示されています。それに従いしばらく歩くと見学者用に再現されたと思われる収容棟がありました。どうも、違う。もう一度、アウシュビッツの案内所で渡されたビルケナウ解説図を確かめます。門から、つまり中央監視棟から入り、左手の端の方に女性収容者棟が壊れないで残っている、と書いてあります。アウシュビッツからの生還者の証言では確かにアンネはこの女性棟にいたとされています。彼女の棟は第二十九棟だったといわれます。

そこで見学コースとは逆に今度は、門から、左手に向かい歩きました。夏草がぼうぼうで、見学者たちの話し声も消えてしまいました。目の前に朽ち果てて今にも崩れそうな収容棟の群れが近づきました。

先ほどのガイドさんの言葉が蘇ってきました。

「ビルケナウの状態は、アウシュビッツよりさらに劣悪でした。この辺は冬は摂氏零下三十度にも下がることがありますが、広い収容棟に暖房(注・石炭ストーブか)は二つきり。チフスで月に三千から四千人が死にました。強制作業中に疲労でうとうとし、SSに殺された人もいました。

午前四時頃にカポが鐘を鳴らし、起床しました。朝は砂糖なしのコーヒーかチザンヌ（注・代用コーヒー）少々と前晩のパンの残り。昼は冷めた芋や野菜スープ。夜は翌朝と兼用の三百グラムのパン、二十五グラムのマーガリンかソーセジあるいはチーズ。ただしカポが配ったので、かすめ取られることがよくありました。

収容所に着いた時は体重七十キロだった女性が解放時には二十五キロまで痩せていた写真記録があります。伝染病で下痢が多かったけれど、夜間はトイレ使用を許されないことがよくあり、垂れ流しで室内に汚物の臭いが漂いました。夜間は棟を締め切る規則のため、臭気がこもったのです。棟内は三段ベッドで各段は藁を布で覆い、一段に八人から十人が詰め込まれました。下の段の人を鼠《ねずみ》が夜間、襲いました。各棟には七百人、ときに千人以上が入れられました」

足元を小さなバッタが飛び跳ねていました。ぞっとするほど静かでした。夏草の中に何棟も、何棟も収容棟が建っていて、風で半開きの戸がわずかに揺れていました。それだけでした。一つ、二つ、と数えていくと、どうやらこの棟がアンネのいた棟ではないかと思われる建物に来ました。それは家畜小屋のようで、入口の敷居の木材の、特に中ほどが擦り減っていて、かなり昔、よほどたくさんの人が出入りしたのを想像させました。思い切って中に踏み込むと、まず土間で雑草が生えていて、右手には便所のようなコーナーがあり、さらに中に進むと蚕棚《かいこだな》のような寝床が続いていました。

外部は暑いのに、乾いた冷たさに包まれていました。外へ出るとやはり物音一つなく、静まり返っています。正規コースから離れるので、念のため首にかけた記者証に付けた鎖の音だけが響きました。その時、ある生還者の回想を思い出しました。夜間に我慢できず用足しに戸外へ出た女性が監視塔から狙撃《そげき》され、夜通し断末魔の叫びを上げ続けたという話です。ふとうつむくと、無数のバッタが膝元まで伸びている夏草の葉先を這い上がっては、跳び、そして音もなく蠢き続けていました。それを見ると、ぞっと背筋が凍るような気分に襲われました。

第9章 ◆ 凍てつくベルゲン・ベルゼン収容所へ

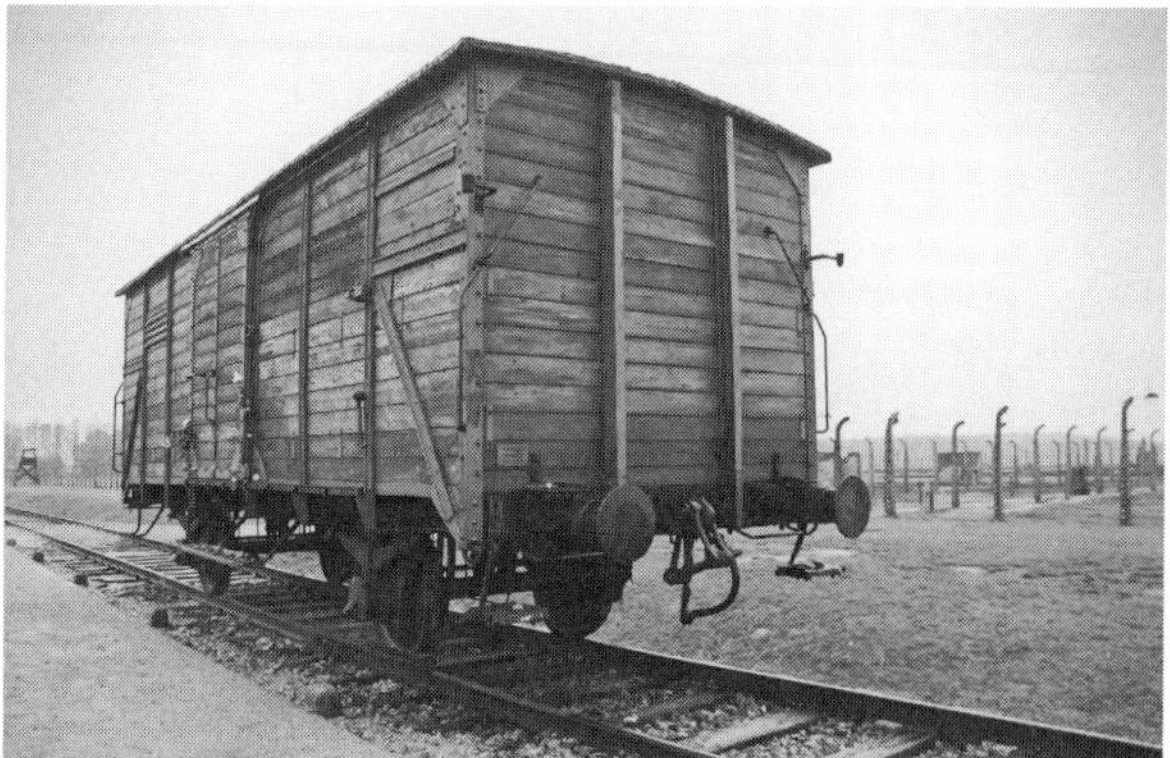

移送に使われた貨車　©CTK／時事通信フォト

◈「空腹が人間をすっかり変えてしまった」

アンネは一九四四年十月二十八日、アウシュビッツ・ビルケナウから姉マルゴーとともに家畜用貨車でドイツ北部のベルゲン・ベルゼン収容所へ移送されたとされていました。記録や目撃者証言を突き合わせ、到着は三十日とされたのです。しかし一九九五年三月に新証拠が発見され、移送は四四年十一月初めだった可能性が強まりました。

ビルケナウからベルゲン・ベルゼンへ移送されたのはアンネとマルゴー、そして「隠れ家」の同居人だったファン・ダール(ファン・ペルス)夫人だけでした。欧州内陸部の秋は寒冷で、家畜用貨車による移送はすでに体力の弱ったアンネ、マルゴーには想像を超える厳しい三日間の旅だったでしょう。後にお話しする生き証人によると、アンネとマルゴーはこの時、両親がすでに殺されてしまったと思い込んでいました。

ベルゲン・ベルゼンは荒涼とした、泥だらけの凍てついた土地でした。到着直後、アンネとマルゴーは収容棟ではなく大テントに入れられました。ところが夜間に暴風雨に襲われ、収容テントの布は吹き飛び、崩れ落ちたテントの下敷きになった収容者たちから死傷者が多く出ました。アンネとマルゴーは怪我を免れたようですが、すでに北ドイツには初冬が近づいていました。その冷え込んだ戸外で、ずぶ濡《ぬ》れのまま二人は夜を明かしたとみられます。ようやく移された小屋は吹きさらしで雨漏りし、蚤《のみ》が溢れ、伝染病が蔓延《まんえん》し始めました。

すでにお話ししたナチ収容所からの生還者アービン・ファン・ヘルダーさんは、ウェスターボルク収容所から直接このベルゲン・ベルゼン収容所へ運ばれました。移送は一九四四年一月、オランダからベルゲン・ベルゼンへの最初の便でした。この年十一月十八日までこの収容所に入れられ、その後、他の収容所へ移送されました。そこで彼に、この到着早々のアンネたちを襲った嵐について尋ねると、

「そう、確かに暴風雨がありました。テントが倒れました」

と、はっきり覚えていました。ファン・ヘルダーさんはアンネが連れてこられて数週間後に他へ移送されたので、アンネとはほんの短い間、収容期間が重なっただけになります。彼に、収容所には蚤が溢れ鼠が収容者を襲ったのは本当かと訊くと、表情を曇らせ頷きました。

「蚤は酷かった。鼠の襲撃はその時点ではなかった。もちろん鼠はいましたが。伝染病の

蔓延も、衛生状態も、食料の窮乏も、後になるほどそれは酷い状態になったのです」

アンネが移送された後、状況は一層悪化していきました。時計の針を一九四四年初めに戻し、ファン・ヘルダーさんが見たベルゲン・ベルゼンを語ったまま記します。

「一九四四年一月にベルゲン・ベルゼンへ移送されました。移送リストはストルケ嬢という人物がつくっていました。私たち家族がリストに載りそうだと知り、収容所で私に割り当てられた作業の上司だったジミー・アケスナスに話すと、できるだけ引き延ばしてみると約束してくれました」

しかし移送は実行されました。唯一の救いは、予め米国から入手しておいた一枚の証明書のお蔭で、彼の一家は国籍が「米国」と証明できたことでした。アウシュビッツなどの絶滅収容所でなく、ベルゲン・ベルゼン強制収容所へ移送されたのもこのためでした。しかも米国人だったために家畜用貨車でなく客車で運ばれました。「このたった一枚の紙が……」と、彼は机の上に置いた古びた英文の証明書を持ち上げ、感慨深げに僕に見せました。

たった一枚の紙……。第二次大戦中、日本では「赤紙」と呼ばれる召集令状が配達され、その「赤紙一枚で」戦争に駆り出された多くの人々が命を失いました。たった紙一枚が人の命や時には国の命運を弄ぶ……。そういえば、何十年も前にユダヤ人のローマン記者の口にした、「君はいい国籍を持っているね」、「日本のパスポート(の闇値)はかなり高値だ」という言葉がつくづく思い出されます。

さて、ベルゲン・ベルゼンは捕虜になったドイツ軍兵士との身柄交換のための収容所と、ファン・ヘルダーさんは聞かされていたけれど実態は大きく違っていました。

「ドイツのハノーバーからツェラ(注・Celle、ベルゲン・ベルゼン収容所の最寄りの町)まで鉄道で運ばれました。二、三日間の長い旅の末に小さな駅に列車が停まったとたん、『これは、とんでもない恐ろしいことになった……』と悟りました。列車を十数人のナチ親衛隊(SS)が犬を何匹も連れて取り囲んでいたのです。ベルゲン・ベルゼンは拡張を重ねた収容所で、いろんな区画に細分化されていました。鉄条網に囲まれ、われわれの入れられた区画の隣はハンガリー人の棟でその間にやはり四メートルくらいの高さの鉄条網が張り巡らされていた。向かい側にはロシア棟がありました。

ウェスターボルク収容所からの移送はわれわれの後、確か二回あったはずです。棟内には両側に二段ベッドが並び、真ん中は、体を横にしてカニのように歩かないと進めぬほどせまい通路になっていました。この棟の看守は元教師のラウ、ヘインツ、フリッツ、ムラーという四人のSSでした。『点呼』、『脱帽』、『急げ』と怒鳴り続けていました。脱帽が遅れ、鉄条網に向けて半日の体罰を受けた時、母が遠くからこれを目撃しました。ムラーはレスラーのような体格で気に食わぬと尖ったブーツの爪先でわれわれを蹴り上げました。元教師のラウもまた残酷で、少しも油断できませんでした。ユダヤ人に対する反感や嫌悪は想像を絶する凄まじいものでした」

――食事については。

「計画的に飢餓に追い込まれました。最初の頃は厚さ四センチのパンにスープ。そしてサイコロ大のバターが週一回。一匙《さじ》の赤い塊がジャムだった。これが一日分です。朝六時に配膳場へ若い男がコーヒーを取りに行きます。コーヒーというより茶色の液体でした。このコーヒーの入ったカップで手を温めました。スープは生温かい、しょっぱいお湯か、あるいはただ単に甘いお湯といったほうがいいでしょう。このどちらかだった。運がいいと野菜のくずが浮かんでいて、もっと運がいいと小指の爪先のようなソーセージの切れ端に巡り合えました。スープは蓋のしまらない大きなバケツのような容器に入れて当番が運んでくるのですが、よそってもらう時には皆、バケツのスープが空っぽにならない程度に列の終わりに並ぼうと懸命でした。終わりになるほど沈殿している具が転がり込む確率が高まるからでした。その後、一週間分のパンを一度に渡されるようになりましたが量は足らず、すぐ食べ切ってしまう者も多く、そうなると空腹は一層耐え難いものとなりました」

――収容者間の関係については。

「とにかく空腹が恐ろしい敵でした。空腹というのは人間をすっかり変えてしまいます。例えば、『オレンジ』と食べ物の名を口にするだけで大の男が大粒の涙を流しました。空腹が人間性を破壊すると言いましたが、世間的には立派な紳士として尊敬されていた人物が食べ物を得るため、獣のようにおぞましい犯罪行為を働きました。でもだからといって、彼を非難することはできないのです」

ファン・ヘルダーさんの体験は、主にアンネの送られてくる以前のことです。死臭について尋ねると、その頃はまだなかったとの返事でした。彼によれば四四年十一月以降、つまりちょうどアンネが移送されてきた頃から収容所の状態は悪化の一途をたどったようです。アンネの到着以降の酷さは想像を絶する状況だったに違いありません。

「とにかく点呼が多かった。点呼がすむまで寒さも、雨も、霙《みぞれ》も、夜も昼も関係なく何時間も立たされたままでした。夜間にサーチライトに煌々と照らされ、点呼して数が足らぬと何度も、何度も繰り返されました。ナチが脱走を恐れていたからですが、逃亡するなど不可能でした。鉄条網があり、犬が待ち構えていましたから」

厳冬が近づいていました。四四年から四五年にかけての冬はオランダ、ドイツそしてポーランドも異常な寒さに襲われました。雪もよく降りました。防寒具はもちろん衣服も不十分で、戸外の強制労働で凍傷にかかり指先を失う人もいました。一方、ファン・ヘルダーさんはベルゲン・ベルゼンに収容中、戦局の変化を肌で感じ取っていたようです。

「たった一つの慰めは連合軍の飛行機の爆音でした。ほとんど夜間に来ました。戦局はどうなっているか、皆目わからなかった。しかし空襲が増すにつれ、ドイツ人が神経質になっていくのを感じ取れました。われわれ収容者に防空壕を掘らせました。しかし空襲があるとわれわれは収容棟に入れられ、ドイツ人のみが防空壕に避難しました」

アンネもこの連合軍機の音を耳にしたことでしょう。アムステルダムの隠れ家時代に、連合軍の空襲が怖くて、警報が鳴り出すと父オットーのベッドに飛び込んだ恐怖を、アンネは「日記」の中に綴っています。そのたった一年足らず後、恐ろしい収容所で彼女は姉マルゴーと一緒に、どんな気持ちで空襲の音を聴いていたのでしょう。

◆生還したアンネの親友を訪ね、イスラエルへ

アービン・ファン・ヘルダーさんは一九四四年一月にベルゲン・ベルゼンへ移送されました。その一カ月後にやはりウェスターボルクからベルゲン・ベルゼンに送られ、第二次大戦が終わるまで生き残った人がもう一人います。ハナー・ピック・ゴスラー(注・正確にはホスラーとゴスラーの中間の発音)さんです。

彼女はアンネの幼馴染みですぐ近所に住み、学校もずっと一緒の大の親友でした。『アンネの日記』の最初の部分によく登場します。二人は生き別れになった後、奇跡的にベルゲン・ベルゼンで鉄条網越しに再会したのです。この人がイスラエルのエルサレムに住んでいることがわかりました。もしかしたら会ってくれるかもしれません。彼女は連行された後のアンネに再会し、言葉を交わした数少ない生き証人です。絶対会ってその時のことを教えて

もらいたいと思いました。それに彼女は『アンネの日記』に繰り返し登場する、アンネの幼友達です。アンネの生《なま》の印象、家族の印象をハナーさんの口から聞きたかったのです。

偶然にも一九九一年十月末にイスラエルへ行く機会が訪れました。ベーカー米国務長官（当時）の主導で、中東和平会議がマドリードで開催され、それに合わせて現地の様子を取材することになったのです。エルサレムに取材の拠点を置き、ヨルダン川西岸とガザ地区を回ることになりました。運よくハナーさんに連絡がつき、取材の合間に自宅でゆっくり話をしましょう、とインタビューを快諾してくれたのです。

出発地のブリュッセル空港では、イスラエル行きの旅客はまったく別の手続き場所があるのを初めて知りました。これは他の空港でも同様で、厳戒体制なのだそうです。飛行時間は三、四時間。イスラエルのテルアビブ空港に着陸すると、ここもまた恐ろしく厳しい警戒でした。米ドル紙幣の交換でも一枚ずつお札の番号を控え、慎重そのものでした。空港から出ると、ふと、日本赤軍がこの空港で銃を乱射して大惨事を巻き起こしたことがあったのを思い出しました。十月末といっても東京やベルギーよりずっと気温も高く、明るい日差しが眩しいほどでした。皆、薄着でリラックスした服装が目立ちました。

空港前のリムジンバスに乗って、エルサレムに向かいました。リムジンバスは半ば砂漠のような丘陵地帯を貫く舗装道路を疾走しました。荒々しい景観でした。同乗の客は、外国出張帰りのイスラエル人男性、何かの用事で空港へ出かけた地元の男性、米国から親戚を訪問する中年女性など数えるほどでした。この女性が隣の人に、

「一九六〇年代に来た時と比べ、この国も大変な変貌ぶりで」

と話しかけていた声が耳に残っています。ハナーさんのお宅を訪ねたのは確か「バルフォア宣言(注・第一次大戦中、バルフォア英外相がパレスチナにユダヤ民族の国家建設を認めると大富豪ロスチャイルド卿宛て書簡で約束した宣言)の記念日」と重なっていました。前日にはヨルダン川西岸へ、この日はガザ地区へ取材に出かけました。西岸では、ある難民キャンプを見学し、イスラエル当局に虐殺された少女の家へ案内されました。顔面に銃弾を撃ち込まれた少女のカラー写真や現場写真は分厚いプラスチックのバインダーに収納されていて、付着した手垢から繰り返し報道関係者に見せたのは明らかでした。

キャンプは、例えれば西部劇に出てくる砦を大きくしたような感じで、コンクリートの物見櫓《やぐら》のようなイスラエル兵の監視塔が中央奥にありました。気がつくと潮が引くようにいつ

しか無人の村になっていました。どこからか監視塔へ向け投石があったようで、見張りの兵士たちが適当に見当をつけさかんに催涙弾を撃ちまくっていました。「パンパン」という間欠的な音に続き、ところどころから煙が上がりました。時には実弾も撃ち込むのだそうです。難民キャンプの外の村落には、日本でいえばかなりの豪邸といえる民家がたくさんあり、どんな人々が住んでいるのかと案内の人に尋ねると、

「やはりパレスチナ人ですよ」

と、こともなげに答えたのです。さらに案内人は、キャンプから毎日、外に通勤している人々が相当数いると付け加えました。もちろんキャンプの出入口でイスラエル軍の厳重な警戒がありますが、これまで日本で見聞きしていたのは、見学したパレスチナ難民キャンプだけがなにか隔絶して存在するイメージとしてあったのです。ならば、どうして外の裕福な人々はこのキャンプ内の人々をもっと経済的に援助しないのかと訊くと、案内の人は、声を潜め答えました。

「どこの社会にも貧富の差があります。パレスチナ人の間にもやはり階層があるということなのです。このキャンプ内には信条に基づいて住んでいる人と、財政的に仕方なく住んで

いる二種類の住民がいるのですよ」

誤解のないようにいうと、この人物はパレスチナ人の立場にどちらかといえば理解を示す立場です。専ら気の毒な難民キャンプに焦点を合わせ、外側の世界には触れない報道が目立ちます。ジャーナリスティックには「面白くない」のかもしれません。でもその「面白くない」かもしれない、難民キャンプ外の情景に大事なことがたくさん転がっているように僕には思われました。無論、これはイスラエル側に味方してパレスチナ人の苦しみを軽視しようというのでは決してありません。

翌日はガザ地区を回りました。外出禁止令が布かれていて、劣悪な状態の集落をジープで哨戒中のイスラエル軍兵士たちが四方へ銃を向け、実弾発射の構えであたりを見回していました。同乗の国連関係者が注意してくれました。

「もし投石が起こればイスラエル兵はすかさずあたりかまわず撃ちまくるから頭をできるだけ低くして」

第二次大戦後、日本各地ではかなりの間、町のところどころにトタン板囲いの掘っ立て住宅が軒を並べていました。ガザ地区はちょっとそれを思い起こさせました。しかし、ある地域では何軒もの立派な民家が建築中で放置されていました。このあたりの人々は富裕な湾岸諸国へ出稼ぎに行き、故郷に家を建てますが、湾岸戦争(注・一九九一年初めの第一次湾岸戦争)のせいで出稼ぎが激減し、建築資金が滞っているのだそうです。出稼ぎを失った人々の胸中は「余計な戦争を起こしてくれたものだ」と複雑でしょう。この何気ない話を掘り下げると、中東和平の動きの舞台裏へ通じる鍵がみつかるように感じました。

ガザ地区の海岸通りをジープで走ると、紺碧《こんぺき》の地中海が広がり、プンと鼻をつくゴミの腐敗臭に襲われました。国連関係者は、海岸沿いの施設を指差し、イスラエルの監獄であり、そこで行われている拷問の話をしました。観光ポスターそのものの地中海の景観と酷い悪臭、そして監獄の取り合わせがまるで超現実の絵画のようでした。やがてジープはガザ地区を離れ、そのとたん、ドライブインが現れ、僕はそこで車を降りました。日本のハイウェー沿いにあるようなドライブインに入ると、内部はファミリーレストランやらミニ・ショッピングセンターです。実弾入りの機関銃を構え、イスラエル軍のジープが哨戒中のガザ地区からそう離れていない場所で、こうして家族連れのイスラエル人たちが和やかに食事し談笑しています。まったく異質の世界が何気なく同時進行している現実を実感し、やるせない気持ちに陥りました。

◆収容所でのアンネとの最後の奇跡的出会い

ハナー・ピック・ゴスラーさんの家はエルサレム市の外れの大通りからやや引っ込んだ、閑静な住宅街にありました。タクシーの運転手さんは、

「この界隈は裕福な人たちが住んでいるんですよ」

と言いました。一軒一軒が前庭のある造りで街路の照明は暗く、教えられた住所の玄関先には電灯がぽうっと足元を照らしていました。

ハナーさんはアンネの一家と同じ年、一九三三年にベルリンからアムステルダムへ移ってきました。そしてメルウェーデ広場三一番に住むことになりました。アンネのアパートが同じ広場の三七番だったので本当に目と鼻の先でした。アンネのほうが約半年、年下でした。二人は幼稚園も、モンテソーリ小学校も、ドイツ軍占領下の命令で転校させられたユダヤ人

学校でも一緒でした。ハナーさんのお母さんはナチのオランダ占領下のアムステルダムで死産をし、その時亡くなってしまいました。この悲しい出来事は、親友のアンネの一家が四二年七月初め、別れも告げず忽然と姿を消した後のことでした。日増しにユダヤ人狩りが増し、いつナチが連行に現れるか、神経をすり減らす日々でした。

そんな中でハナーさんのお母さんはきっと心労も重なっていたのでしょう。そしてお父さんも連行されたベルゲン・ベルゼン収容所で病死し、同じ収容所で祖母も死んでしまいました。残されたハナーさんは幼い妹をかばって生き延びました。ベルゲン・ベルゼンから一九四五年四月初め、敗走するドイツ軍に家畜用貨車に乗せられ、チェコスロバキア(当時)のテレジェンシュタット収容所へ向け移送されました。チフスに罹ったままの状態での移送です。そのまま到着していれば殺されたか、力尽き死んでいたでしょう。しかし戦局がさらに悪化し、列車は立ち往生し、すんでのところで終戦に命を救われたのでした。

玄関のベルを押すと、人懐っこい表情の、細面の初老の女性が迎えてくれました。室内の照明は抑え気味でした。派手な、贅沢な調度品は見当たりません。しかし、地味で上品な家具が置いてあり、飾らない人柄がそのまま表れているように感じられました。柔らかな電球の光の当たる食卓へ導かれ、お茶を勧められました。テーブルを挟んで向かい合うと、半世紀を経ても、アンネが日記で「ハネリー(アンネはハナーさんをこう記しました)は内気」と表現した、当時の面影がありました。話が始まると、まずこんな話を打ち明け、さらにここに至る長い道程を話し始めました。

「アンネの父親のオットーさんは、『どうして日本でこんなに『アンネの日記』が有名なのかな』と首を傾げて言ってました。私は一九六二年にイスラエルへ渡りました。英国政府がユダヤ人のイスラエル渡航に反対し、渡航書類がなかなか発給されなかったのですが、オットーさんが後押しをしてくれて、やっと許されたのです。父は大のシオニスト(ユダヤ民族主義者)でした」

ハナーさんの父親はプロイセンの内務次官を務め、政府の広報担当相でもありました。その人が一九三三年のヒトラー政権掌握を見て、もう、これまで、とオランダへ移住したのでした。その父親はベルゲン・ベルゼンで一九四五年二月二十五日に病死してしまいます。ハナーさんが戦前、つまり子供の頃から希望が芽生えていたようですが、大戦後に「どうしてもイスラエルに移住したい」と強く望んだのは、やはり父親の遺志を遂げたいという気持ちが働いたのではないでしょうか。彼女は第二次大戦に関する書物をよく読んでいる様子で、

「オオツキという人物が、一九三八年に満州でユダヤ人を助けようとした」

などと日本人関係者の名前も飛び出しました。アンネとの思い出の時代を尋ねると、

「オランダを占領したドイツ人のユダヤ人迫害は一九四二年に入ると本格化しました。汽車も自転車も禁止で、買い物は午後三時から午後五時の間だけ、それもユダヤ人用の店に制限され、ラジオを聴くことも、パブへの立ち入りも、プールも禁じられ、服に黄色の星をつけさせられました。そしてユダヤ人は道路で呼び止められ、証明書を見せると、そのまま道から姿が消えてしまうことが起こり始めたのです」

日記にはアンネがアイスクリーム屋へ行く話が出てくるが、ハナーさんも一緒だったのか、と訊くと懐かしそうに目を細めました。

「そう、オアーゼというのがありましたね。よく一緒に行きました」

二人は学校でお喋りに夢中で先生によく叱られました。アンネはとにかくお喋りで、人気

者でした。男生徒に特に人気があったようです。姉マルゴーはというと、これは残された写真でも想像できるように文句なしの真面目な優等生でした。アンネは才気煥発《かんぱつ》というか、自分の興味のある分野に抜群の独創性を発揮する子供だったようです。だから事によると落ちこぼれになるタイプの学童だったかもしれません。一九四二年の夏休み前に通信簿をもらうと、アンネもハナーさんも数学が苦手だったこともあり、辛うじて進級という、あまりハッピーな成績ではありませんでした。通信簿を渡され、二人がショボショボとメルウェーデ広場へ向かう姿が目に浮かぶようです。

二人ともよほど気落ちしたせいか、一日とおかず行き来していたのに珍しく数日間会いませんでした。ハナーさんは、久しぶりに母親のお使いでフランク家を訪ね、呼び鈴を鳴らすとまったく返事がありません。それでも鳴らし続けていると、アンネの所に間借りしていた男性が現れ、フランク家の失踪《しっそう》を告げました。なんでも縁故者のいるスイスへ逃げたらしいというのです。これがアンネとの最初の別れでした。

ハナーさんの一家はアンネたちの失踪後もなんとかアムステルダムで連行されずにいまし

た。これは父親が南米の国のパスポートを入手していたのと、父親がシオニストの重要人物として第4章で出てきたアムステルダム・ユダヤ評議会のリストに記載されていたからかもしれません。四二年十月にはもうお話しした通り、母親がお産で亡くなります。親友のアンネが消えた後も、知人のユダヤ人がどんどん連行され、移送されていきます。ハナーさんにとっては地獄の日々が始まっていました。

「四三年六月二十日のことでした。ナチはアムステルダム南地区全体を包囲し、一軒一軒しらみ潰しにユダヤ人を捜索したのです。数千人のユダヤ人が家畜用貨車でウェスターボルクへ運ばれました。そこに四四年二月まで入れられていました」

――ウェスターボルクはどんな状態でしたか。

「大きなバラック棟に収容されて、食べ物は悪かった。そして毎週、家畜運搬用の貨車がやって来ました」

と言って、貨車が収容所の敷地に入ってくる方向と位置関係を紙に素描しました。収容所の敷地を貫くように線路が引き込まれています。そこへ移送の貨物列車が進入し停車するのでした。

「水だけ与え、七十人くらいを貨車一両に押し込んで送り出したのです。四三年十一月に孤児だけの貨車が出ましたが、『どうして孤児だけ』と疑問を懐きました。そのうちに『すごく良い収容所がある』と噂が流れました。ドイツ兵との交換用収容所だというのです」

なんとベルゲン・ベルゼンのことでした。

「四四年二月十五日にベルゲン・ベルゼンへの移送列車に乗せられました。二日間かかり着きました。私はパンを三日分もっていました。駅にはドイツの兵士がずらりと並んで皆、脇に大きな犬を連れていました。それ以来、今でも私は犬がとても怖いのです。それから六キロほども歩いたでしょうか。鉄条網に囲まれた平原が目の前に現れました。これがベルゲン・ベルゼンでした」

――ベルゲン・ベルゼンはどのような状態でしたか。

「棟内は二段ベッドでした。食べ物はなんとか飢えをしのげる程度で劣悪でした。収容所では三歳までは母親が世話を認められ、十六歳以上は働かされました。点呼が毎日、毎日ありました。脱走者を恐れてのことですが、どこへ逃げられるというのでしょうか。何時間も点呼のために戸外に立たされました」

――アンネは四四年秋にベルゲン・ベルゼンに移されますが、嵐の夜の記憶がありますか。

「嵐の日にすべてのテントが吹き飛んでしまいました。テントは四四年八月から十二月まであったように記憶しています。私たちの入れられた棟と、このテントの間に鉄条網の柵がありました。収容所に人が増え、三段ベッドになり、一つの床《とこ》に二人が詰め込まれました。私の棟はポーランド語が九九パーセント話され、同じ棟内の人々との接触はありませんでした」

――アンネとの再会はどのようにして起きたのですか。

「収容所の中に鉄条網が新たに張られた上、麦藁《むぎわら》で目隠しされ、反対側が見えなくなりました。吹き飛んだテントに収容されていた人々が反対側へ移されたのでした。四五年二月初めでしたか……。顔見知りの老婦人が向こう側にオランダ人がいると言い、ファン・ペルス夫人と話したというのです。『アンネの日記』の中では偽名でファン・ダール夫人のことです。私の名も、アンネは、日記で私のことをゴスラーではなく、ゴーセンスという変名を使いました。そしてこの老婦人は、アンネもいると教えてくれたのです。夜にならないと監視塔から狙撃されやすいので、暗くなるのを待って鉄条網に近づきました」

僕が大型ノートに略図を描いてその時の位置関係を確かめようとすると、ハナーさんはさらに略図を指差しながら説明を加えてくれました。それではっきりしたのは鉄条網があり、麦藁はこの鉄条網に重なる形で、夏の浜辺に並ぶ海の家の葦簀《よしず》張《ば》りのごとく、ずらりと縦に突き立て目隠しにされていたのです。たまたまファン・ペルス夫人が鉄条網の反対側に居合わせ、アンネを呼びに行ってくれました。マルゴーはすでに病状が重く動けないということでした。ハナーさんは暗い中、じっと待ちました。やがて人の気配がし、現れたアンネは闇と麦藁のせいでおぼろげに姿が認められる程度でしたが、別人のように変わり果てた姿でした。

「あなた、どうしてここにいるの！　スイスに行ったんじゃなかったの？」

思わずハナーさんは声を上げてしまいました。アンネはマルゴーにナチから召喚状が届いたため、父親の会社裏手の隠れ家へ潜行したことなどを説明しました。日記の中でも繰り返しハナーさんを残して、それも一言も告げず自分だけが隠れてしまったのを悔いていたのです。アンネが、

「パパやママはアウシュビッツで殺されてしまったのよ」

と言うと、二人とも、とめどなく泣き続けました。そしてアンネが嘆きました。

「食べるものも着るものもないのよ。髪は刈り取られてしまったわ」

ハナーさんはアンネが長い黒髪をどれほど大切にしていたかを知っていました。翌日の晩、ハナーさんはアンネとの約束通り、わずかなパン切れなどを周りから出してもらい、鉄条網越しに投げ入れました。アンネのただならぬ悲鳴が聞こえました。どうしたの、と声をかけると、他の収容者にもぎ取られてしまった、というのです。人々は死に瀕して本能剝き出しでした。

数日後、再び投げ入れると、今度はアンネの手に渡りました。これがアンネに会った最後でした。ハナーさんの父親は四五年二月二十五日に収容所の病院で息を引き取りました。ハナーさんとまだ幼い妹さんだけが残されました。

ハナーさんは意気消沈し、数日間は身動きする気力も失ったといいます。その間に鉄条網の反対側の収容者たちはすっかり移されてしまっていました。

アンネとマルゴーの最後の数日に言葉を交わしたアムステルダム出身のユダヤ人姉妹が存在しました。彼女たちは連行された時すでに成人でしたが、隠れ家から連行後、アムステルダム中央駅からウェスターボルク収容所へ移送される便でアンネたちと乗り合わせて以来ずっと、アウシュビッツでも、ベルゲン・ベルゼンでも生き続け、一緒でした。ヤニー・ブリルスライパーさんと姉のレンチェさんです。もう一人、オランダ人女性のライチェル・ファン・アメロンゲンさんもアンネの最後の日々を目撃し、証言しています。

この三人に直接、僕が話を聞いたのではなく、引用の出典を( )内に記します。まず、ライチェルさんは、「フランク(注・アンネとマルゴー)姉妹は衰弱《すいじゃく》し切り、骨と皮にやつれ切った顔をし、チフスなのは明らかでした。ものすごく寒気に苦しんでいる上、寝棚は最も不運にも扉の傍らにあり、吹き込む外気の中で、ドアを閉めて、ドアを閉めて、と訴え続ける声が日増しに弱まり、死期が近づいているのがわかりました」と、回想しています(*The Last Seven Months of Anne Frank*, Willy Lindwer)。

つぎはレンチェ・ブリルスライパーさんの証言です。

「私たちが再びアンネたちを訪ねた時、マルゴーは寝棚から落ちて半ば意識不明の状態でした。アンネはすでに高熱の状態にあり、とても愛《いと》おしく優しげに『マルゴーは安らかに眠るわ。そして彼女が眠ったら、あたしも、もう起き上がらなくてもいいのよ……』と」(L. Brilleslijper-Jaldati, 'Memories', Ein Tagebuch für Anne Frank, ANNE FRANK: 1929–1945, Carol Ann Lee)

「そしてアンネは言いました。『あぁ、とても気持ちよくて、暖かいわ……』」(L. Brilleslijper-Jaldati, NEW AGE, July 20, 1961 Anne Frank's Diary A Sequel)

氷点下の厳寒の中、暖房も、食べ物もないに等しく、衣服も裸に近い状態です。衰弱し切ったアンネは、チフスの末期症状である幻覚状態に陥っていました。間もなくマルゴーが石の床に落下したショックで死亡すると、おそらく翌日、命の灯が消えるようにアンネも永眠しました。死亡時期はマルゴーが四五年三月半ばから終わりの間。赤十字では形式的に三月末日をアンネの命日としていますが、それより早かったとする説が非常に有力です。いずれにせよ、英国軍によるベルゲン・ベルゼン収容所解放のわずか数週間前でした。

第10章◆そして戦争は終わった

オットー・フランク　© 時事通信

◆唯一の生存者アンネの父の生還

アウシュビッツはソ連軍が一九四五年一月二十七日に、そしてベルゲン・ベルゼンは英国軍が同年四月十五日に解放しました。解放はアンネの死のわずか数週間後のことでした。ヒトラーは同じく四月末にベルリンで追い詰められ、連邦議会近辺の地下壕でエバ・ブラウンとともに自害したとされ、五月二日、ベルリンは陥落しました。ナイメーヘン市のルイ・デ・ウェイゼさんは冬の真っ只中、敗走するナチ軍に引き連れられて数カ月も死と生の境を彷徨《ほうこう》していました。凄まじい内容の回想を語ります。

「その冬は非常な寒さだった。撤退するドイツ軍に連行され、雪の中を来る日も来る日も行進させられた。力尽きた者はウサギを殺すように後ろからナチ兵士が首を撃ち抜き、そのままその場に捨て去られた」

ルイさんは移送されたドイツのワイマール市郊外にあるブッヘンワルト強制収容所でも生き残りました。そこから石炭運搬用の無蓋《むがい》貨車で再び移送中、英国空軍機に襲われ、屋根がないためもろに機銃掃射を浴びせられました。どんなに恐ろしく、無念だったことでしょう。パイロットは三度目の旋回でやっと縦縞の囚人服に気づき、攻撃を中止し飛び去りました。ルイさんと同じ貨車には、撃たれてぽっかり開いた腹の裂け目から飛び出した腸を両腕で抱えている人もいました。同じ頃、太平洋の戦域では四月に米軍が沖縄本土に上陸し、第二次大戦は最終局面を迎えていました。

「隠れ家」の八人については、アンネの父オットーだけが生き残りました。母エディットはアウシュビッツで死亡し、ペータはアウシュビッツから移送されたマウトハウゼン(オーストリア)で死亡しました。彼の父はアウシュビッツで、母はアンネとマルゴーと同じベルゲン・ベルゼンで死亡し、歯科医デュッセルさんはアウシュビッツ到着直後にガス室で殺されました。オットーは解放後、はるばるウクライナのオデッセの港まで運ばれ、船で五月二十七日、地中海のフランス・マルセイユ港に着き、鉄道に乗り継ぎ、四五年六月三日にアムステルダム中央駅にやっとたどり着きました。そして中央駅内に設けられた生還者支援窓口でタクシー代をもらい、ミップと夫ヤンの自宅へ直行しました。再会した三人の気持ちは本人たちにしか理解できないほど深く、複雑だったはずです。オットーは、「妻は死んでしまった。娘たちはベルゲン・ベルゼンに移され、生きている望みがある」と開口一番言いました。新聞の尋ね人欄に広告を出したり、オットーは毎日、娘たちの消息に関する届け出がないか、アムステルダムのオランダ赤十字社へ照会に出かけました。翌七月に入って、アンネの死の直前に会った前出のヤニー・ブリルスライパーさんがアムステルダムに生還後、オランダ赤十字社に現れました。彼女はオランダ赤十字社に設けられた消息不明の移送者名簿をチェックし、収容所で知っていた人の中でアンネ・フランクの氏名に死亡マークを記しました。それを見たオットーが彼女の家に飛んでいき、娘たちの最期を知ったということです。

このあたりはやや情報が混乱し、アンネたちの死亡情報は、ある生還者からのオットー宛ての手紙でもたらされたともいわれます。ミップによればロッテルダム在住の看護師の女性からの手紙で、オットーは初めて二人の娘の死を知ったということです。チフスでマルゴーが死に、力尽きたアンネが同じ病で翌日か数日以内に死んだということでした。最悪の情報を確認したオットーの胸は張り裂けるようでした。オットーは会社でミップに対して、

「娘たちは……もはや、いない」

と告げると、顔面蒼白で、執務室の椅子の中に萎むようにへたり込んでしまいました。ミップはさっと立ち上がると事務室へ行き、自分の机の引き出しに保管していたアンネの日記帳や書き物を取り出しました。口には出さないけれど、アンネが帰ったらそっと渡そうとその日を心待ちにしていたのです。その望みは消えました。赤と白の格子縞の表紙の日記と事務用箋などをびっしり埋めたアンネの原稿の束を、娘たちの死の報に呆然となり、執務机に突っ伏している顔の傍らにそっと置き、静かにその場を立ち去りました。ミップの回想です。

「オットーさんは日記を受け取ると、部屋にずっと閉じこもりきりになりました」

フランク一家でただ一人生き残ったオットーは、ミップ夫妻のところへ身を寄せました。夜には自室にこもり、スイスのバーゼルに健在のオットーの母親――『アンネの日記』に登場するおばあちゃんです――に読ませるため、オランダ語からドイツ語へ訳し、タイプする作業に没頭しました。アンネたち「隠れ家」の八人とともに連行され囚われの身となった二人のオランダ人男性社員はすでに帰還しており、オットーの会社の戦後も始まっていました。

オットーはどんな晩年を送ったのでしょう。彼はアウシュビッツから解放後の帰路に巡り合ったエルフリーデ・ゲイリンガー・マルコビッツさんと一九五三年に再婚しました。彼女もまたウェスターボルク収容所からアウシュビッツへ移送され生還した、数少ない一人でした。収容所で娘のエバさんを除き、夫も、息子も失いました。彼女は第二次大戦前に夫とウィーンから逃れてきてナチに連行されるまでアムステルダムのメルウェーデ広場に住んでいたのです。生き残った娘エバさんは、もうお話しした通りアンネとほぼ同い年で、アンネのアパートによく仲間と招かれた仲でした。

フランクフルトからスイスのバーゼルに逃れたオットーの妹のもとに身を寄せたオットーの母親は、戦後まで生き、一九五三年春先に死にました。オットーは戦後しばらく元の商売に戻りましたが、『アンネの日記』が出版されると、次第に各国からの読者の便りなどへの応対に時間を費やし始め、経営への情熱を失っていきました。ナイメーヘンのルイ・デ・ウェイゼさんはその頃のオットーについて語っています。

「私の妹も収容所から生還したのだが、こんな偶然があった。戦後ある時、彼女がスイスからオランダへ戻る汽車の中で男が話しかけてきた。その男は妹の顔をまじまじと見て、『君は私の娘アンネにそっくりだね』と言ったんだ。なんとオットー・フランクだった。オットーは『娘の書いた日記を出版する打ち合わせでスイスの出版社を訪れたところだ』と説明したそうだ」

このエピソードから、もはや戻らない娘の面影が片時も離れなかった父親の胸中が痛いほどうかがえます。バーゼルの町外れの新開地にあるオットーの晩年の家を訪ねました。オットーの家は閑静な一軒家でしたが決して贅沢な造りではありません。玄関ではエルフリーデ未亡人と、お嬢さんのエバさんが機嫌良く迎えてくれました。エバさんに会うのはロンドン郊外の自宅に続き二回目ですが、この日はお母さんの横でいかにも嬉しそうでした。エルフリーデさんは、

「オットーは晩年は世界中から寄せられる手紙に目を通し、返事を書いて時間を過ごすことが多かったのです」

と言って、オットーの死後もそのままに保存してある書斎を見せてくれました。こぢんま

りとした書斎の机には溢れるような数の手紙の束がとってありました。日本からもオットーの存命中は多数の手紙が寄せられたそうです。もちろん死後も手紙が相変わらず送られてくる、と言って綺麗な書体で宛先が認《したた》められた東京在住の女性からの手紙の封筒を抜き出しました。

一九七〇年代末か八〇年に英国放送協会(BBC)が録画したオットーのインタビューで彼の姿、肉声を初めて聴きました。古い写真から受ける痩身で、優しさの中にも精悍《せいかん》さが漂うイメージは和らぎ、肉の弛んだ体軀を地味な背広に包み、姿勢だけは昔の写真通りにピンと背筋を伸ばすよう努めていました。隠れ家の暮らしで、アンネがあのようにいろいろな問題に悩み、考えているのを知っていたか、との女性アナウンサーの問いに潤んだ優しい瞳をしばたたかせながら、

「まったく知りませんでした。娘が(隠れ家の暮らしで)あんな風に物を深く考えていたとは夢にも想像しませんでした。結局、世の親たちは自分の子のことをまったく知らないということです」

と語りました。会見後間もなく、一九八〇年八月十九日、オットーはスイス・バーゼルの

自宅で亡くなりました。九十一歳でした。

◆「死者はここで安息を得られるだろうか」

ナチの幹部は戦後どんな態度で戦争裁判に臨んだのでしょう。ニュルンベルグ裁判に参加したエブラハム元ジュネーブ米政府代表部大使の回想です。

「裁判中にナチの幹部に変化があったかって？ そういえば、こんなことがあったな。ゲーリングだけが裁判で反省の色などまったく見せず、挑戦的で悪態をつき、手がつけられなかった。ところがある日、記録映画が証拠として公判で映写された。ナチが自ら撮影したものだった。廷内の照明がぐっと落とされ、画面に大柄なナチの将校が現れ、いきなりユダヤ人の赤ん坊を鷲づかみし、思い切り壁にたたき付けたのだ。ひしゃげた赤子の写真が大写しになった」

短い記録映画が終わり、法廷内が明るくなりました。カタカタカタカタカタ――。映写機の空リールの音だけが響き渡っていたのを元大使は鮮明に覚えています。

「それ以来だった。彼の態度はすっかり変わった。裁判に協力的になり、皮肉っぽい口ぶりも、反抗的な態度も消え去った」

ゲーリングは一九四六年十月十五日夜、死刑執行を待たず、青酸カリのアンプルをかみ砕き服毒自殺しました。

それぞれの戦後が始まっていました。アービン・ファン・ヘルダーさんが故郷のアルネム、そしてドッティンケムに戻ったのは一九四五年夏でした。ドイツ軍からの解放後も拘束がしばらく解けなかったのです。無事に戻り、さてアルネム市の近所のオランダ人に預けた宝石や貴金属を返してもらいに行くと、

「そのようなものを預かった覚えはない」

と木で鼻をくくったような返事が戻ってきました。猫ばばされたのです。まさか生きて戻ってくるとは思わなかったのでしょう。このお近所は例外的に悪い人なのかもしれません。ただ、オランダのイメージとして「木靴に風車、チューリップ」と並び称される「正直」も相対的なもので、人の欲は結局は世界中変わりがないのでしょう。

ファン・ヘルダーさんには喜びも待っていました。思いを寄せ合っていた初恋のお嬢さんも生き残ったのです。二人は間もなく結婚します。ファン・ヘルダーさんは私の妻もアンネのように隠れていたと言いました。彼女もユダヤ人の家庭で、家族全員がアルネム市内に潜行しました。彼女は両親・兄弟とは別に、自宅前の煙草店にかくまわれました。ところが両親・兄弟をかくまった人々が裏切ってナチに密告してしまったのです。

ナチ側は日時を特定し、その日までにユダヤ人を隠していることを通報した者は罪を問わないと布告を出したのです。金品授与の裏約束があった可能性もあります。これにつられた〝大家〟の密告で、両親・兄弟は全員連行され、二度と帰りませんでした。煙草店の家屋に隠れた彼女だけが命拾いしました。また映画「遠すぎた橋」で有名なアルネムの戦いの大規模な爆発音や連合軍による落下傘の光景が鮮明な記憶として残っているそうです。

ファン・ヘルダーさんは戦後、ベルゲン・ベルゼンのことがしきりと気になり始めました。やがていたたまれない気持ちが抑えきれなくなり、とうとう自家用車を駆って国境を越え、ベルゲン・ベルゼンへ向かいました。着いた日は収容所跡を訪れるには遅すぎ、ハノーバー近くのツェラ市に一泊しました。昔、ナチに鉄道移送され到着した、ベルゲン・ベルゼン収容所の最寄りの町です。翌日、収容所跡に至ると、それは蒼茫とした平原で、メモリアル公園になっており、大きな慰霊碑には多くの言語が刻まれ、オランダ語はつぎのように読めました。

「最大の火砲や最強の銃火器は戦場では優勢さを与えるだろう。だが、ここではいかなる兵器も、心底苦しんだ人々の何ら救いとならなかった」

このだだっ広い土地にたくさんの見上げるような共同無名墓碑《ぼひ》があり、その墓石には「ここに八百体眠る」、「ここに二千五百体眠る」とそれぞれにまとめてその場で焼かれた遺体数だけが刻まれていました。連合軍が収容所を解放したとき、あまりにも多くの遺体が投棄されていました。火口のような大穴に裸の遺体がゴミのごとく山積みになっている記録写真があるのでおよその想像はつきます。その死臭は想像を絶する凄まじさだったといいます。衛生上の理由から英国軍による解放後、このような異例の方法しかなかったのでした。アンネもマルゴーもこの土の下に眠っていることになります。一つ一つの墓碑を回っているとき、ファン・ヘルダーさんに突然、罪の意識がこみ上げてきました。

「すまない。私は今も生きている。どうして私はここに、こうして立っていることが許されるのだろう」

罪の意識はこれらの共同墓石の土の下に眠っている人々に対するものでした。半世紀近い前の鉄条網に囲まれたベルゲン・ベルゼン収容所でともに怯え苦しんだ人々の姿が蘇ってきました。近くに北大西洋条約機構（ＮＡＴＯ）の基地がありました。戦闘機の爆音が地の底をたたくように響き渡ると、素朴な疑問が頭をよぎりました。

「死者はここで安息を得られるだろうか」

二度目の訪問ではＢＢＣテレビの取材班が来ていました。ファン・ヘルダーさんが元収容者とわかると体験者としてのコメントを求め、カメラを回し始めようとしたので彼は遮りました。

三度目に訪問した日は快晴で、ドイツ人の中年のツーリストの団体が二台の観光バスで訪れていました。この行楽客の団体は収容所跡の最も大きな慰霊碑の前で、

「じっとして。はい、笑って！」

と記念写真を撮っていました。この後、ファン・ヘルダーさんが佇んでいた共同墓石の前に来ると、そのうちの一人が、連れに話しかけました。

「ねぇ、本当にここがそんなにひどかったと思う?」

「そんなのほとんどプロパガンダに決まっているじゃないか」

こんなやりとりに団体から軽い笑い声が上がったのでした。

「これを耳にして、私は無言で倒れ込むように車の運転席に戻るしか術はありませんでした」

ファン・ヘルダーさんは悲しそうに表情を曇らせました。ファン・ヘルダーさんと彼の奥さんになぜネオ・ナチが台頭するか尋ねてみました。九〇年代半ばのことです。

「人間は学ばないということだ」とファン・ヘルダーさん。

「私は失業のせいだと思う。外国人が不法に滞在し、現地の言葉も学ばず、社会に溶け込もうともしない。それでいて社会保障制度を悪用する(注・失業手当をもらい遊んでいる)のに反発が高まっている」と奥さん。これは冷戦終結後、西ヨーロッパへの周辺からの外国人の急激な流入と経済不振を絡ませる保守派の風潮を説明しています。

これは両方ともそれなりに根拠があります。人間はいつの世でも、特に歴史に学ばない。戦争や嫉妬、優越感に劣等感、自己防御本能などはいつの世にも不変です。そしてそうした対立を荒げ得る要因は衣食住の足りないとき、例えば一九二九年に始まる世界大恐慌などに伴い露骨に表面化します。

ファン・ヘルダーさんは自宅での数時間に及ぶ二度目のインタビューのあと、駅まで車で送ってくれました。別れ際に一つ気に懸かっていた彼の気持ちを思い切って確かめました。

「この村の人々も、多くのオランダ人も結局はあなた方を見捨てたのでしょう。どうして今、許せるのですか」

するとファン・ヘルダーさんは静かに諭すように答えました。

「だって、そんなことを言い出したらもう欧州には住むところはなくなってしまいますよ」

ドッティンケム駅の窓口では驚いたことに一人の駅員が切符、バスの回数券、コーヒーまで売っていました。この路線は単線です。到着した黄とブルーに塗り分けられた各駅停車にコーヒーの紙コップを手に乗り込み、窓際に腰を下ろしました。窓外には夕暮れの中、どこまでも平らな牧草地が広がっていました。そのほんの先がもうドイツなのです。コーヒーを啜《すす》りながらファン・ヘルダーさんの最後の言葉を思い返しました。

一家はオランダ社会に十分に溶け込み、経済的にも上層階層に属しているのは明らかです。〈そうか。その人たちがやはりこうした気持ちを抑えて、戦後も物言いに気遣いし暮らしていくのか……〉。こう考えたとき、かつて米通信社勤務のローマン君が「親父は僕が一国にしか銀行口座を開いていないのを激怒した」と漏らしたときの驚きをふと思い出しました。

ミップ・ギースにどうしてあのような恐ろしいことが起き得たのだろうと尋ねると、

「それは難しい質問です。常にわれわれは自分自身に問いかけねばなりません。どうしてそんなことが可能だったのかと。しかし、私はそれを人に伝えることができます。ドイツも含め、いろいろな所の学校で、子供たちとここ（アムステルダム）で過去に起きた事柄を話し合います。子供たちはこんな手紙を寄せてきます。『お父さんやお祖父さんに占領国にいた時のことを訊くと、前線にいたとだけしか答えてくれません』。この父親、祖父にとって、自分が犯した恐ろしいことを自分の子や孫に告げるのはひどく困難なことです。それに今のドイツの教師はもはやここで起きたことを知りません。それで彼らは私に話しに来るように依頼してきます。私はこの仕事に感謝しています」

ネオ・ナチについてどう思うかと訊くと、静かな口調が止まり、じっと考えてから、僕の目を見据えて手を震わせて答えました。

「感性、人間性が欠如しています。彼らは自分と同様、他人も人間であると認めることができないのです。あなたも(と僕を指差し)私の隣にいる同じ人間なのです。ドイツの学校で子供や先生と、人間性や人間の義務について話をします」

ミップとのインタビューの別れ際に、自分自身の命の危険を冒し、アンネたちを助け続けたのはなぜか、何か強い信仰心に基づく行いだったのかと尋ねました。

「信仰などはないのです。ただ私を育ててくれたオランダの両親の教えに従ったまでなのです」

とミップは控え目ながら、きっぱりと答えました。ミップは第一次大戦後の混乱の中、栄養失調となり、十一歳で故国オーストリアのウィーンからオランダへ里子に出されました。

出発したのは若きヒトラーがそれより何年か前に南独のミュンヘンへ旅立ったのと同じ駅と思われます。長い、心細い汽車の旅でした。真夜中にオランダのライデン駅に着き、首にかけた名札を頼りに、迎えに来たオランダ人炭坑技師長に引き取られました。

ミップは里親に手を引かれ未知の家路へ向かう道すがら、眠い目をこすって見上げた溶けるような朧月をよく覚えています。この里親である純朴な若夫婦は五人の子持ちでしたが、「七人が食べられれば八人になってもやっていけるさ」と暖かく迎えてくれました。彼女は結局、オランダ国籍を取得します。ミップが言いました。

「両親は私に、隣人に対しての義務を教えてくれました。両親は本当に善良な人たちだったのですよ」

終章◆戦争の二十世紀から平和の二十一世紀へ

ベルゲン・ベルゼン収容所跡地にあるアンネ・フランクの慰霊碑
© AFP＝時事

◆人類は猛獣より崇高だろうか

二十世紀は「戦争の世紀」でした。前半には第一次世界大戦(一九一四～一八年)が起こり戦死者約千六百万人、戦傷者二千万人以上が出たといわれます。その傷跡が癒える間もなく第二次世界大戦(一九四〇～四五年)が勃発しました。混乱をきわめた中で第一次大戦同様、数字の確定は難しいけれど、日本を含む全世界で、五千万人以上の戦死者、戦争に起因する病死や餓死も含めれば八千万人を超える死者が出たともいわれます。悔恨から第一次大戦後には国際連盟が、第二次大戦後にはその仕組みの強化を期して国際連合が創られました。

しかし二十世紀後半も、米国主導の自由主義諸国とソ連の率いる共産主義諸国の東西陣営が対峙する冷戦下で軍拡に明け暮れ、朝鮮戦争、ベトナム戦争、カンボジア内戦、数次の中東戦争など戦火は絶えませんでした。冷戦終結後の一九九〇年代にも第一次湾岸戦争、ルワンダ内戦、ユーゴスラビア紛争など戦争は絶えず、例えば九四年にはルワンダ全土でわずか三カ月の間に約八十万人の民間人が虐殺されました。人類はなぜこれほど残忍で愚かなのでしょうか。

人は万物の霊長と言われますが、本当でしょうか。野生の猛獣はお腹の減ったときだけ、他の獲物を襲うそうです。でも人間は、自然の摂理と無関係に、四六時中、さらに性能の優れた、より多くの人命を奪える兵器や情報技術(IT)の開発・調達にしのぎを削っています。そんな人間は、本当に原野の猛獣より崇高な存在なのでしょうか。

二十世紀の幕が開いたとき、多くの人々は「素晴らしい技術革新と生活向上の時代がやって来た」、「国際平和の時代が訪れた」と期待しました。でも現実には、数字が物語る通り、惨憺たる「血に塗《まみ》れた世紀」として幕を下ろしました。それでも一九九九年大晦日、世界各地で時計の針が午前零時をさしたとたん、花火が上がり、新世紀到来を祝う群衆の歓呼がテレビで流れました(正確には二十一世紀は二〇〇一年に始まったのだそうですが……)。各地の歓喜の声には「今度こそ素晴らしい世紀になってほしい……」。そんな願いがこめられていたはずです。では二十一世紀は、どのように形容され歴史に記されるのでしょう。それを占うヒントはこの本でたどってきたお話の中に見つかるような気がします。

◆戦争と平和――舞台裏で通じる軍産複合体

この本は一九七九年春、ふとした「アンネの家」訪問がきっかけとなり、十六年に満たないアンネの悲しい生涯の足跡を追った旅の記録です。同時に、ベルギーに渡ってからの足かけ四十年に見聞した戦争・紛争、事件、国際会議・交渉などに関する感想が自然と織り込まれることになりました。戦争・軍事については、二つの大きな流れに着目しました。

その一つは戦争がなぜ繰り返し、繰り返し起こるのか――。素朴だが難しい疑問です。人間に宿る悪魔と言い換えてもいい。さまざまことが考えられます。なかでも「ホームレス時代ヒトラーの影をウィーンに追う」の節で触れた『誰がヒトラーに財政支援したか』という本が一九三三年まで、ナチの個人献金者に米国の自動車王ヘンリー・フォードの名まで挙がっていると指摘しているのに興味をもちました。このあたりをもう少し知りたいなと考えていると、岡倉古志郎著『死の商人』〔改訂版〕(岩波新書)という大変興味深い本に出合いました。この本では「死の商人」は狭義の武器商人にとどまらず、兵器・火薬などの軍需物資全般にわたる国際規模の産業界を指します。だから本全体が「戦争はなぜ繰り返し起きるか」を考えるのに参考になるのですが、とりあえずヒトラーやナチに関する部分に絞ります。

それは「IGファルベン――『死なない章魚』」と題した第四章です。ドイツの超大企業グループの「IGファルベンこそ、最も真実の意味において、第二次世界大戦を計画し、戦争準備に指導的役割を演じた」とのIGファルベン研究の権威リチャード・サシャリーの指摘や、ニュルンベルグ裁判のIGファルベンに対する起訴状を引用し、同グループとナチの密接な協力、資金援助に言及しています。IGファルベンは「一九三二年〜四四年の間に、合計四千万マルクをヒトラーにみついだ」そうです。でももっと興味深いのは、同社は国際ダイナマイト・カルテルの中心だった英国のアルフレッド・ノーベル・ダイナマイト会社と利益共同契約を締結し、米国のデュポン・ヌムール社などと爆発物の世界市場を三分するカルテル協定を結んでいた……。さらに同社は今日でいえばボーイング社のような米国の総合戦略企業だったフォード自動車やスタンダード・オイルと一九二七年に結んだ協定に基づく提携や密接な協力を大戦中も密かに続けた、という……。つまり戦争をしている国同士の主要な戦略企業グループ同士が裏で通じ合っていたという……八本の足を世界中に広げた「死なない章魚(タコ)」は、そういう世界規模の実業界グループの裏の実態を例えた表現ですが、まさに事実は小説より奇なりではありませんか。

戦争が起こり、繰り返される原因・背景はたくさんあるでしょう。その中で、軍事産業界が戦争の展開・拡大の舞台裏で暗躍し、政治・軍部に大きな影響力を及ぼしてきたことは否定できません。国際軍事裁判の関連文書等、多数の史・資料や証言・研究がそれを裏付けます。では、第二次大戦後は深い反省からこのような舞台裏は永遠に姿を消したのでしょうか。残念ながら逆に勢いを増したようなのです。それはアイゼンハワー米大統領が一九六一年初頭のお別れの挨拶で警告の対象として名指しした、「軍産複合体」の興隆に集約されます。同大統領は「巨大な軍事組織と大規模な兵器産業の結合は、米国にとり真新しい経験だ。その総力的な影響力が経済、政治そして精神面に至るまで、どの地方自治体でも、どの州議会でも、連邦政府のあらゆる省庁でも感じられる。(中略)政府の諸審議会で、軍産複合体による、不当な影響力獲得が――それが意図的なものであろうとなかろうと――生じぬよう監視せねばならない。(中略)この結合(軍産複合体)の影響力が、われわれの自由や民主主義のプロセスを脅かすのを絶対に許してはならない」と警告しました。

ところが世界中に軍産複合体の危険性を警告したアイゼンハワー自身が、実は軍産複合体の大番頭的役割を担っていました。それは彼の政府の主要閣僚の構成に見事に反映されています。主要閣僚と密接につながる財閥の例を( )内に挙げれば、アイゼンハワー大統領(ロックフェラー、モルガン、デュポン三大財閥)は別格として、後に大統領になるニクソン副大統領(デュポン財閥)、A・ダレスCIA長官(ロックフェラー財閥)、J・ダレス国務長官(ロックフェラー財閥)、ウィルソン国防長官(デュポン財閥)、G・ハンフリー財務長官(ロックフェラー、クリーブランド、メロン財閥)、ネルソン・ロックフェラー大統領特別顧問(ロックフェラー財閥)――(出典は小椋広勝著『ウォール街』青木書店、日本政治学会編『戦後世界政治と米国』岩波書店、岡倉古志郎著『財閥』光文社から)――なんと主要閣僚十七人がそれぞれ代表的な財閥傘下の防衛関連企業の社長など幹部からの抜擢でした。いわば財閥各グループが競って番頭を送り込んだ軍産複合政府でした。

それでもアイゼンハワーの歴史的な警告を受けた「国際社会」が「そうか。アイゼンハワーの言う通りだ。今後は慎もう」と、一九六〇年代以降、軍事産業と行政府・議会の癒着を抑え、戦争が減り、軍拡競争も下火になったでしょうか。残念ながら世の中は逆方向へ動きました。二〇一八年春、ストックホルム国際平和研究所の発表によるとアイゼンハワー演説から半世紀以上経た現在、世界の軍事費は大幅に増加し、二〇一〇年以降ほぼ横ばい状態になるも二〇一七年に世界合計が一兆七千三百九十億ドル、世界のＧＤＰの二・二パーセントを占め、微増し、減少の兆しは皆無です。中東諸国の軍事費は増し、特に、東アジア諸国の軍事費は二〇〇八〜一七年に七十パーセント以上増加し、世界全体の軍事市場は安定を保っています。言い換えれば地球上のどこかで常に緊張があり、戦争・紛争は絶えず、従って全体として安定市場が維持されています。

◆矛と盾

二十一世紀は、ブッシュ米政権とともに二〇〇一年一月、幕を開けました。二十一世紀を考える気がかりなヒントとして、二〇一七年九月にロンドンで催された世界最大規模の国際兵器見本市(DSEI)の情景をお話しします。先がかすむほど広い見本市会場内には、世界各国の大中小の兵器メーカーや周辺関連企業約千六百社が犇めいていました。「商品」の最新の戦闘機、戦車、ミサイルなど各種兵器システムが展示され、隣接するテームズ川に内部見学用の艦船まで停泊し、会場の方々で製品説明会や商戦が熱を帯びていました。こうした表舞台とは別にロンドン市内でこっそり米欧の政府・軍事産業界主導の極秘商談が同時進行で行われました。折しも北朝鮮情勢が緊張の極みに達して、韓国、日本はミサイル防衛の各種システムをはじめ、巨額の防衛装備強化に踏み切る瀬戸際に立たされていました。翌々月、トランプ米大統領は初のアジア歴訪で巨額の新兵器売り込みを果たしますが、その実務級交渉は北朝鮮情勢の緊張する真っ只中で行われたのです。北朝鮮の核の押し迫った脅威抜きには、何兆円という兵器・防衛システム購入の商談成立は難しかったでしょう。

ロンドンの国際兵器見本市には、ミサイルや各種ドローンもあれば、これを迎え撃つ迎撃システムも並び、攻・守双方のあらゆる兵器システムとそのメーカー群が所狭しと軒を並べていました。この情景から有名な中国の故事を連想しました。韓非子の故事「矛盾」です。

楚の国の人で盾と矛を売る人が「私の盾を貫けるものはない」と盾を自慢する一方、「私の矛はなんでも突き通せる」と矛も自慢したところ、ではその矛で盾を突き通してみろと言われ返事に窮したという話です。実は専守防衛を超えた攻撃兵器が数多く並ぶＤＳＥＩが二〇一九年十一月、日本で初めて幕張で開催されます。性能の優れた防衛システムが開発・配備され、それを凌ぐ一層高性能の攻撃兵器が開発され緊張がエスカレートし続ける「盾と矛」のレースが、日本を巻き込み二十一世紀も繰り返されるのでしょうか。

◆人の心に宿る天使

ではアイゼンハワーはなぜ、歴史に残る演説で「軍産複合体」の危険性を警告したのでしょう。一貫して「軍産複合体」の申し子だった彼が、功成り名を遂げた人生の最後の締めくくりの場で、なぜ敢えて自らの栄光を覆しかねない警告を発したのでしょう。もしかしたら自らの良心の発露を抑えきれなかったのかもしれませんね。大戦そして冷戦時に最高司令官として采配を振ったアイゼンハワーは当然、戦争の表・裏に最も通じた人間だったはずです。それを知りながら表と裏の舞台回しを演じ貫いた末に発した胸の内、一種の懺悔があの演説だったのかもしれません。

この章の初めに二つの大きな流れ、と言った残りの一つが実はこのことです。それは人間に生来備わった善性——。例えば、大災害が地球のどこかで発生すると、世界中から一斉に、ごく自発的に救援の動きが始まるでしょう? それも本当にあっという間に広がって富める国も、貧しい国も、宗教、人種の違いも超えて、貧しい人も裕福な人も、それなりに援助に参加します。あれは多くの人の心に備わった「困っている人を助けてあげよう」という自然の気持ちから起こる行動ではないでしょうか。軍事の世界にも、この善性に基づく動きが存在します。例えば、戦争を予防するさまざまな仕組みや努力の積み重ねです。なかでも軍備管理や軍縮交渉の動きが、冷戦下に軍拡レースへの制御の仕組みとなり、国際関係で大きな役割を演じました。こうした動きから生まれた信頼安保醸成措置は、お互いの誤解や偶発戦争を防ぎ、次第に戦争が起こりにくい仕組みをめざす仕掛けです。僕たちがこうした地味な積み重ねに注目し、活用していけば二十一世紀が再び「戦争の世紀」になるのを防げると思います。政治家や外交官でなくとも、誰でも、さまざまな立場で善い世界をつくっていく積み重ねに参加できます。それが「平和の世紀」をつくる道ではないでしょうか。

この本は危篤に陥った叔母の最期の言葉から話を始めましたが、最後に叔父の打ち明け話を記します。叔父は、日本軍がほぼ全滅したガダルカナル島から奇跡的に帰還したのですが、激しい戦闘の続くある夜、斥候、つまり前線で可能な限り敵側に接近し状況を調べる役目の戦友が叔父にこっそり打ち明けたというのです。この斥候は、その日、密林でばったり戦闘中の米軍側の斥候と鉢合わせになってしまった。本来なら直ちに撃ち合いをしなければならないのに両方ともあまりの偶然にびっくりしてしまった……。それでどちらからともなくニヤリと笑い、互いに手を振って別々の方角へ密林に紛れ込んだというのです。僕たち親戚の子供たちはこの話を聴くのが好きで、何度も何度も叔父に語ってもらったものでした。この斥候だった戦友や、密林で彼が遭遇した米軍の斥候の消息は不明です。けれど戦争がなければ、何ら殺し合う理由のなかった二人の若者だったことは確かです。一九九〇年代半ばに亡くなった叔父は、戦争の思い出を僕たち子供たちにした後、必ずこんな言葉で結びました。

「とにかく戦争はいかん。戦争はだめだ」

あとがき

この本の準備を始めるにあたって、約二十年ぶりにアムステルダムの「アンネの家」と傍らのアンネ・フランク財団を訪れた。プリンセン堀のアンネの「隠れ家」の前には相変わらず、というよりもさらに長い、入館待ちの行列ができていた。ホンディウスさんやドゥベルマンさんなど久しぶりに会った財団の人々が今も元気に活躍しているのを知りとても嬉しかった。

悲しいこともあった。この本に度々登場したミップ・ギースさんが故人となっていたことだ。亡くなったのは二〇一〇年一月十一日。享年百歳。ミップさんが長年、各地で語り続けた言葉は、きっと数多くの人々の心に宿り、今後も受け継がれていくことだろう。もう一つ。アンネが隠れ家の屋根裏の小窓からそっと眺め、心を慰めた裏庭のマロニエが姿を消していた。樹齢百五十年以上。一八一五年に始まるオランダ王国の歴史に比肩する老樹は両大戦も、冷戦も、じっと見守り、ミップさんの後を追うように二〇一〇年八月二十三日、一陣の突風で大音響とともに数軒先の裏庭に向け、仕切りのレンガ塀を打ち砕き横倒しになった。屋根を見下ろすほどの老樹は幹内部が病み伐採の必要があったが、延命運動で生き長らえていた。

『アンネの日記』の中にも登場し、平和の象徴のイメージさえ帯びていたマロニエの大樹の死は、まるで不吉な予兆にさえ思われた。アンネ・フランク財団の人たちは長年、各地の学校に出かけ、第二次大戦当時の様子やナチの絶滅収容所について話してきた。だが最近のオランダでは話の途中で、生徒や教師から敵意のある批判が浴びせられることがあり、講師にもう一人援護者を同行させねばならないという。ちなみに、二〇一六年に行われたオランダ国内の世論調査では四十四パーセントが「第三次世界大戦が起こると懸念している」と答えた。“Out of sight, out of mind”という英語の諺がある。「去るもの日々に疎し」と訳されるが、「大戦は遠くなりにけり」——恐ろしい大戦の思い出はどんどん風化して忘れられてしまったのだろうか。一九七九年春に「アンネの家」を初めて訪ねた頃、首を縮めていた人種差別の動きや極右勢力が、今では臆面もなく政党をつくり、欧州各地で着実に支持層を増やし、政権に就いたり連立政権に参画する国さえ出た。「歴史は繰り返す」という名言がある。晩年のミップさんはさぞかし烈《はげ》しく憤り、この時代の激変を眺めていたことだろう。

日本でもヘイトスピーチや、太平洋戦争の戦前、戦中の日本の軍国主義を美化し、正当化を試みる政治の流れや組織的な動きが力を増している。「第三次世界大戦が起こる」と多数が予想したオランダの世論調査結果と、この本の冒頭に記した「また戦争が起こるような気がする」という、叔母の最期の言葉が無気味にピッタリと呼応しているようだ。私事をもう少しだけお許し願うと、その叔母には最後の気持ちを伝えることができた。飛行機から新幹線に乗り継ぎ、死に物狂いで電話で教えられた名古屋市内の病院に駆け込むと、叔母が病床で寝たまま飛び上がり喜んでくれたのを心から感謝している。僕は横たわったままの人間が浮き上がるように感情を表すのを初めて見た。意識はまだしっかりしていて、「戦争が繰り返さないのを祈り、しっかりと本を著します」と約束すると、はっきりと頷いてくれた。

亡くなった人への最善の弔いは、残された者が遺志を継ぎ、それぞれの立場でベストを尽くしていくことだと思う。アンネは「日記」の中で、戦争や平和について多くの示唆に富んだ言葉や考えを綴っている。アンネの生涯とともに追った戦争と平和を巡る旅のささやかな報告を、戦争犠牲者の魂に捧げたい。二十一世紀が「戦争の二十世紀」の続きでなく、生きていく僕たちが「平和の世紀」とすることを誓って。

本書は「アンネ・フランク　五十年の旅」(毎日新聞、一九九五年連載)、『アンネ・フランク　心の旅路』(講談社、一九九六年刊行)を基に追加取材を行い時代の変遷を反映させ、まとめ直したものだ。取材・執筆に当たってはアンネ・フランク財団(Anne Frank Stichting)の特にディエンケ・ホンディウスD. Hondius博士にお世話になった。オランダ国立戦争記録研究所のデービッド・バルナウDavid Barnouw博士(現在は退職)には多年にわたり歴史研究・考証での貴重な教示や史料・資料面で協力を得た。アンネをはじめ隠れ家の人々を全面支援したミップ・ギースMiep Gies夫人、アンネの親友ハナー・ピック＝ゴスラーHannah Pick=Goslar夫人、オランダ・アウシュビッツ委員会のアニタ・レーウェンハルトA. Löwenhardt事務局長(肩書は一九九六年当時)及びナチ収容所から生還した尊父ウェルナー・レーウェンハルト W. Löwenhardt、ルイ・デ・ウェイゼ Louis De Weize 氏、アービン・ファン・ヘルダー I. Van Gelder 氏、ソニア・キック S. Kiek 夫人、エルフリーデ・フランク E. Frank 夫人及び令嬢エバ・シュロス Eva Schloss、ベルギーのK(名前のイニシャルのみ)氏など紙面の都合で書き尽くせないが、数多くの方々が辛く、悲しい体験を敢えて証言された。貴重なお話にお礼を述べたい。ベルギーのホロコースト博物館 KAZERNE DOSSIN からも貴重な知識を得た。

最後に、今回、本書を岩波ジュニア新書で出版する機会と執筆にあたっての数多くの貴重な助言を与えてくださった岩波書店の山本慎一氏に心から感謝を申し上げる。

二〇一七年十二月十五日　ブリュッセルにて

谷口長世

谷口長世

1949年，名古屋市生まれ．1976年，東京外国語大学フランス語科国際関係専修コース卒業．ベルギー政府国費給費生として欧州大学院行政課程に留学，その後，毎日新聞ブリュッセル支局長を経て，1998年，フリーのジャーナリストに．国際記者連盟副会長などを歴任．著書に『アンネ・フランク　心の旅路』(講談社)，『NATO――変貌する地域安全保障』『サイバー時代の戦争』(ともに岩波新書)．

アンネ・フランクに会いに行く　岩波ジュニア新書 879

2018年7月20日　第1刷発行

著　者　谷口《たにぐち》長《なが》世《よ》

発行者　岡本　厚

発行所　株式会社 岩波書店
〒101-8002 東京都千代田区一ツ橋 2-5-5
案内 03-5210-4000　営業部 03-5210-4111
ジュニア新書編集部 03-5210-4065
http://www.iwanami.co.jp/

印刷・理想社　カバー・精興社　製本・中永製本

ISBN 978-4-00-500879-7　Printed in Japan

岩波ジュニア新書の発足に際して

きみたち若い世代は人生の出発点に立っています。きみたちの未来は大きな可能性に満ち、陽春の日のようにひかり輝いています。勉学に体力づくりに、明るくはつらつとした日々を送っていることでしょう。

しかしながら、現代の社会は、また、さまざまな矛盾をはらんでいます。営々として築かれた人類の歴史のなかで、幾千億の先達《せんだつ》たちの英知と努力によって、未知が究明され、人類の進歩がもたらされ、大きく文化として蓄積されてきました。にもかかわらず現代は、核戦争による人類絶滅の危機、貧富の差をはじめとするさまざまな人間的不平等、社会と科学の発展が一方においてもたらした環境の破壊、エネルギーや食糧問題の不安等々、来るべき二十一世紀を前にして、解決を迫られているたくさんの大きな課題がひしめいています。現実の世界はきわめて厳しく、人類の平和と発展のためには、きみたちの新しい英知と真摯《しんし》な努力が切実に必要とされています。

きみたちの前途には、こうした人類の明日の運命が託されています。ですから、たとえば現在の学校で生じているささいな「学力」の差、あるいは家庭環境などによる条件の違いにとらわれて、自分の将来を見限ったりはしないでほしいと思います。個々人の能力とか才能は、いつどこで開花するか計り知れないものがありますし、努力と鍛練の積み重ねの上にこそ切り開かれるものですから、簡単に可能性を放棄したり、容易に「現実」と妥協したりすることのないようにと願っています。

わたしたちは、これから人生を歩むきみたちが、生きることのほんとうの意味を問い、大きく明日をひらくことを心から期待して、ここに新たに岩波ジュニア新書を創刊します。現実に立ち向かうために必要とする知性、豊かな感性と想像力を、きみたちが自らのなかに育てるのに役立ててもらえるよう、すぐれた執筆者による適切な話題を、豊富な写真や挿絵とともに書き下ろしで提供します。若い世代の良き話し相手として、このシリーズを注目してください。わたしたちもまた、きみたちの明日に刮目《かつもく》しています。（一九七九年六月）